Sabine Künnemann

Vertriebsrecherche leicht gemacht

AF130233

Sabine Künnemann

Vertriebsrecherche leicht gemacht

Die besten Informationsquellen
zu Kunden, Wettbewerb und Trends

GABLER

Bibliografische Information Der Deutschen Bibliothek
Die Deutsche Bibliothek verzeichnet diese Publikation in der Deutschen
Nationalbibliografie; detaillierte bibliografische Daten sind im Internet über
<http://dnb.ddb.de> abrufbar.

ISBN-13: 978-3-322-82493-6   e-ISBN-13: 978-3-322-82492-9
DOI: 10.1007/978-3-322-82492-9

1. Auflage Juni 2004

Alle Rechte vorbehalten
© Betriebswirtschaftlicher Verlag Dr. Th. Gabler/GWV Fachverlage GmbH,
Wiesbaden 2004

Lektorat: Barbara Jaster

Der Gabler Verlag ist ein Unternehmen von Springer Science+Business Media.
www.gabler.de

Umschlaggestaltung: Nina Faber de.sign, Wiesbaden
Satz: ITS Text und Satz Anne Fuchs, Pfofeld-Langlau

Gedruckt auf säurefreiem und chlorfrei gebleichtem Papier

Vorwort

Es sind nicht in allen Muscheln Perlen,
aber man muss sie alle durchsuchen.

Deutsches Sprichwort

In der aktuellen wirtschaftlichen Lage bergen Fehleinschätzungen des Marktes ein Existenzrisiko für jedes Unternehmen. Genaue Kenntnisse über Absatzmärkte, Wettbewerber, Marktanteile und Kundenbedürfnisse sind in allen Branchen zu einem entscheidenden Faktor geworden.

Nur wenn es den Verantwortlichen in Vertrieb und Marketing gelingt, schnell und umfassend auf relevante Informationen zuzugreifen, haben sie die Möglichkeit, rasch auf sich ändernde Marktbedingungen zu reagieren, gezielt neue und profitable Kunden anzusprechen, verbesserten Kundenservice anzubieten sowie die bestehenden Kundenbeziehungen erfolgreicher zu nutzen.

Aussagekräftige Wettbewerbsanalysen und gezielte Marktuntersuchungen sind deshalb wichtige Instrumente im Marketing-Mix von Unternehmen – und zwar nicht nur der großen Player. Gerade kleine und mittlere Unternehmen können durch systematische Recherche wertvolle Informationen gewinnen, um den „Großen" gegenüber ihre Stärke auszuspielen: schneller und kundenindividueller als die Großunternehmen Produkte und Dienstleistungen anzubieten. Für Existenzgründer ist es sogar eine Grundvoraussetzung für den erfolgreichen Start in die Selbstständigkeit, dass sie sich vorher einen genauen Überblick über ihren Markt verschafft haben.

Aber woher soll man bei all dem Termindruck die vertriebsrelevanten Informationen schnell und unkompliziert nehmen?

In diesem Buch finden Sie konkrete Hilfestellungen für die Vertriebsrecherche „mit Bordmitteln". Neben Tipps und Hinweisen für die Nutzung der klassischen Informationsquellen erfahren Sie, wie

Sie das Internet schnell und effizient nutzen können. Sie lesen, wofür welche Informationen im Vertrieb benötigt werden und wie Sie die fehlenden Daten schnell und ohne großen Aufwand beschaffen, verarbeiten und Gewinn bringend im Vertrieb einsetzen können. Die Recherchewege werden detailliert erläutert. Sie reichen von persönlichen Kontakten über Internetrecherchen bis hin zur Nutzung kommerzieller Datenbanken.

Dabei stehen schnell anwendbare Suchstrategien im Vordergrund, auf rein theoretische Recherchedetails wurde bewusst verzichtet. In Kapitel 7 finden Sie eine thematisch geordnete Zusammenstellung von Internet-Seiten, die Ihnen die Informationsbeschaffung für die tägliche Vertriebsarbeit erleichtern kann. Jede gedruckte Verweisliste kann – im sich ständig verändernden Netz der Netze – nur vorläufigen Charakter haben. Um Sie immer mit den aktuellen Fundstellen zu versorgen, haben wir unter der Webadresse: *www.infoRelevant.de/vertriebslinks* eine Onlineversion der Verweise eingerichtet.

Ich wünsche Ihnen, dass Sie mit diesem Rüstzeug schnell und zuverlässig die „Perlen" unter den Vertriebsinformationen finden.

München, im April 2004   SABINE KÜNNEMANN

Inhalt

Vorwort 5

**1 Mehr wissen, besser verkaufen:
Darum geht's bei der Vertriebsrecherche** 11

1.1 Generelle Ziele 11

1.2 Der Ablauf der Recherche 13

**2 Neugier erlaubt: Was Sie über Kunden,
Wettbewerb und Trends wissen sollten** 16

2.1 Die Kunden 16

2.2 Der Wettbewerb 22

2.3 Markt und Branche 27

2.4 Die Trends 30

**3 Der Kompass für den Datendschungel:
Wo Sie Vertriebsinformationen finden** 38

3.1 Der Außendienst 38

3.2 Das persönliche Gespräch mit Kunden 42

3.2.1 Die Gesprächsvorbereitung 42

3.2.2 Die Ziele des Gesprächs 44

3.2.3 Tipps zum Verhalten während des Gesprächs . . 47

3.3 Die Kundenbefragung 49

3.4 Beschwerden und andere Verbrauchermeinungen . . 55

3.5 Messen 57

3.6 Unternehmensinformationen 62

3.7 Statistische Ämter, Behörden, Verbände und sonstige
Institutionen 64

3.8 Marktforschungsinstitute, Universitäten und
     Fachhochschulen 68

3.9 Medien 71

3.10 Adress-Verzeichnisse und Wirtschaftsauskunfteien 73

3.11 Das Internet 74
    3.11.1 Die Vorbereitung der Internetrecherche . . . 74
    3.11.2 Erfolgreiche Suche im Internet 77

3.12 Kommerzielle Datenbanken 87
    3.12.1 Kostenpflichtige Online-Datenbanken 88
    3.12.2 Kostenpflichtige Offline-Datenbanken 92

3.13 Beauftragung eines Information Brokers 94

4 Anschaulich präsentiert:
Wie Sie Informationen auswerten und aufbereiten   **97**

4.1 Grundsätzliches 98

4.2 Zielgruppenprofile 100

4.3 Die Kundenbewertung am Beispiel der ABC-Analyse 102

4.4 Stärken- und Schwächen-Analyse 106

4.5 SWOT-Analyse 108

4.6 Portfolio-Analyse 109

5 Schluss mit der Einbahnstraße:
Wie Sie Informationen im Unternehmen weitergeben **113**

5.1 Formulare 113

5.2 Vertriebsinformationssystem 116

5.3 Intranet und Extranet 122

6 Recherche-Beispiele:
So funktioniert's in der Praxis: **124**

6.1 Beispiel: Trends erkennen und nutzen 124

6.2 Beispiel: Wettbewerbsanalyse 128

6.3 Beispiel: Auslandsmarkt 130

6.4 Beispiel: Markt für ein neues Produkt 133

7 Daten per Mausklick:
Webadressen für die Vertriebsarbeit **136**

7.1 Suchmaschinen und Webkataloge (Suchmaschinen –
Themenkataloge – Metasuchmaschinen –
Suchmaschinen der Suchmaschinen) 136

7.2 Webadressen für die Marktforschung
und die strategische Vertriebsarbeit 140
    7.2.1 Markt- und Trendstudien 140
    7.2.2 Produkt- und Leistungsbewertungen
        (Allgemeine Seiten – Versicherungsvergleiche) 146
    7.2.3 Brancheninformationen 148
    7.2.4 Nationale statistische Daten und Fakten
        (Statistische Ämter – Patent- und Markenämter) 151
    7.2.5 Statistische Daten und Fakten für ausländische
        Märkte (Institutionen und Verbände des
        Außenhandels – Nützliche Webadressen
        der Europäischen Union) 153
    7.2.6 Kostenpflichtige Informationsdienste
        (Wirtschaftsdatenbanken – Konsumenten-
        Datenbanken – Anbieter von technisch-wissen-
        schaftlichen Informationen – Internationale
        Datenbankanbieter – Kostenpflichtige
        Zeitungsarchive – Pressespiegel –
        Kommerzielle Informationsvermittler) 154

7.3 Webadressen für die praktische Vertriebsarbeit 159
    7.3.1 Informationen über Kunden und Wettbewerber
        (Firmendatenbanken – Zeitungen und
        Zeitschriften) 159

7.3.2 Messen und Ausstellungen 162
7.3.3 Adressen für Direktmarketing-Aktionen 163
7.3.4 Bonitätsauskünfte 164
7.3.5 Adress- und Telefondaten von Firmen
und Personen 165
7.4 Informationsseiten für den Vertriebsprofi persönlich   166
7.4.1 Fachwissen und Fortbildung 166
7.4.2 Reisetätigkeit 167
7.4.3 Jobbörsen (Spezielle Jobbörsen –
Allgemeine Jobbörsen) 168
7.4.4 Zu guter Letzt – Smalltalk 170

Literaturhinweise 171

Stichwortverzeichnis 172

Die Autorin 175

1 Mehr wissen, besser verkaufen: Darum geht's bei der Vertriebsrecherche

Die richtige Information zur richtigen Zeit ist im Vertrieb bares Geld wert. Geschäftsführer, Vertriebsleiter und ihre Mitarbeiter werden heutzutage oft mit überflüssigen Daten überschüttet – andererseits fehlen ihnen wichtige Informationen über Kunden, Wettbewerb und Trends. Welchen Nutzen Ihnen die Vertriebsrecherche hier bringt und wie Sie konkret dabei vorgehen, erfahren Sie in diesem ersten Kapitel.

1.1 Generelle Ziele

Ein Autohersteller plante die Entwicklung einer neuen Modellreihe. Das Produkt musste zwei Grundvoraussetzungen erfüllen: Es sollte eine Rendite im zweistelligen Bereich erwirtschaften und außerdem auf dem wichtigsten Exportmarkt, den USA, erfolgreich sein. Es verblieben zwei Möglichkeiten: die Entwicklung einer Großraumlimousine (Van) oder eines geländegängigen Fahrzeugs, auch als Sport Utility Vehicle (SUV) bezeichnet. Beide Konzepte wären für den Hersteller Neuland gewesen, da seine bisherigen Produkte sportliche Fahrzeuge im Premium-Segment waren. Neben klassischen Marktstudien wurden detaillierte Befragungen im weltweiten Händlernetz, besonders jedoch bei den Händlern in den USA vorgenommen. Die persönlichen Befragungen sollten die generelle Akzeptanz der beiden Konzepte abklären sowie die Fragen beantworten, welchen Preis die Produkte erzielen könnten und welche Merkmale die Kunden von einem solchen Premium-Produkt erwarteten. Bei der Auswertung der Ergebnisse aus den USA erkannte der Hersteller, dass Vans auf diesem Markt ein Image als ökonomisches Familien-Fahrzeug anhaftet („Soccer Mom's Car"). Die Strategie, hier ein Premiumprodukt zu positio-

nieren, wäre mit erheblichen Risiken verbunden gewesen; eine hohe Rendite kaum durchsetzbar. Das Segment des SUV war bereits von hochwertigen Wettbewerbern besetzt. Die Nachfrage bei Händlern und Kunden zeigte aber Bedarf nach einem speziellen, geländegeeigneten Angebot gerade von diesem Hersteller. Er entschied sich deshalb für die Produktion eines Geländefahrzeugs, das den bei der Recherche ermittelten Anforderungen entsprach. Drei Jahre später, nach der Präsentation des fertigen Produkts, zeigte der starke Bestelleingang, dass der Autohersteller richtig entschieden hatte.

Dieses Beispiel zeigt, dass eine gründliche Vertriebsrecherche maßgeblich über den Verkauferfolg eines Produkts mit entscheidet.

Die **Vertriebsrecherche** ist ein systematischer Prozess, bei dem es darum geht,

➤ die für den Vertriebsprozess relevanten Informationen zu beschaffen und zu archivieren,

➤ sie gezielt auszuwerten und

➤ sie zur richtigen Zeit entweder selbst verfügbar zu haben oder sie an die entscheidenden Stellen im Unternehmen weiterzugeben.

Die Vertriebsrecherche beschafft im Wesentlichen Informationen rund um die folgenden Bereiche:

➤ Kunden,
➤ Wettbewerber,
➤ Markt, Branche und Trends.

Beim methodischen Vorgehen gibt es eine Reihe von Berührungspunkten wie der Marktforschung im klassischen Sinne. Das Besondere an der Vertriebsrecherche ist jedoch ihre Fokussierung auf Informationen, die für die strategische und operative Vertriebsarbeit wichtig sind.

Bei Informationen, die Sie laufend benötigen (zum Beispiel zu Kunden oder Wettbewerbern), ist es sinnvoll, sie in ein **Informationssys-**

tem einzupflegen. Idealerweise ist dieses Informationssystem mit den übrigen Abteilungen in Ihrem Unternehmen vernetzt (vgl. dazu Kapitel 2 und 5.2).

Ziel der Vertriebsrecherche ist es, mit Hilfe der richtigen Informationen

➤ schneller auf Kundenwünsche und Marktveränderungen reagieren zu können,

➤ individueller auf die Anforderungen von Kunden eingehen zu können,

➤ rechtzeitig Bedrohungen durch Kundenabwanderung oder Wettbewerber zu erkennen und damit schließlich

➤ die eigene Position am Markt zu verbessern.

Die gewonnenen Informationen helfen auch, Prozesse effizienter zu gestalten (beispielsweise als Ergebnis von Kundenbefragungen oder Wettbewerbsbeobachtungen) und – wie in dem Einstiegsbeispiel – neue Produktideen zu finden oder neue Kundensegmente zu erschließen.

1.2 Der Ablauf der Recherche

Es bringt nicht viel, mal hier und da ein paar Daten zu sammeln und sie dann zwischen zwei Aktendeckeln verstauben zu lassen. Dafür sind die richtigen Daten eine zu wertvolle Ressource im Unternehmen. Deshalb: Gehen Sie die Vertriebsrecherche planvoll an. Die folgenden sechs Schritte helfen Ihnen dabei:

■ 1. Ziele und Rahmen festlegen

Zunächst sollten Sie den Rahmen der Recherche abstecken:

➤ Um was geht es Ihnen bei der Recherche (genereller Marktüberblick, Chancen für neues Produkt, neues Absatzgebiet oder neuer Filialstandort ...)?

➤ Wie viel Zeit und Geld wollen Sie in die Recherche investieren?

➤ Wer ist im Unternehmen für die Recherche verantwortlich?

■ 2. Strategien und Methoden auswählen

Verschaffen Sie sich einen Überblick, welche Informationen Ihnen bereits jetzt zur Verfügung stehen. Viele Informationen liegen meist schon in den Unternehmen vor, sie sind nur noch nicht systematisch erfasst und ausgewertet. Was fehlt noch, wie aufwändig wäre die Beschaffung? Sind es Informationen, die schon anderswo vorhanden sind, oder müssen sie speziell für Ihr Projekt erhoben werden?

Versuchen Sie dann herauszufinden, welche Methoden geeignet sind. Marktforscher unterscheiden in diesem Zusammenhang zwischen Primär- und Sekundärforschung. Sekundärforschung, also die Nutzung vorhandener Quellen (Marktstudien, Presseartikel, Geschäftsberichte etc.), hat den Vorteil, dass die Informationen schneller verfügbar und günstiger zu haben sind. Sie ist aber in der Regel nicht so individuell auf Ihre Fragestellung abgestimmt. Bei der Primärforschung werden die Daten durch Befragungen, Beobachtungen, Experimente (Tests) oder Panels erhoben. Besonders häufig werden Befragungen eingesetzt.

■ 3. Selbermachen oder outsourcen

Können Sie die Daten selbst erheben oder brauchen Sie Unterstützung? Gerade bei der Primärforschung ist ein planmäßiges, systematisch einwandfreies Vorgehen wichtig. Damit die Ergebnisse am Ende wirklich aussagekräftig sind, muss die Stichprobe repräsentativ gewählt sein, die Fragen müssen eindeutig formuliert werden, und es sind komplexe Auswertungsmechanismen anzuwenden. Wenn Sie nicht über Mitarbeiter mit ausgewiesener Marktforschungskompetenz verfügen, empfiehlt es sich deshalb vor allem für die Primärforschung, ein externes Institut einzuschalten (vgl. Kapitel 3.8).

■ 4. Daten sammeln, auswerten und aufbereiten

Legen Sie frühzeitig ein Raster fest, nach dem Sie die Daten erfassen (vgl. dazu Kapitel 2). Die Datensammlung kann schriftlich oder EDV-gestützt in einem Informationssystem erfolgen (vgl. Kapitel 5.2). Verdichten Sie die Daten zu Stärken-Schwächen-Analysen, in Form von Portfolios o.Ä. und leiten Sie sie an die Stellen in Ihrem Unternehmen weiter, die direkt damit arbeiten können (vgl. Kapitel 4).

■ 5. Informationen in erfolgreiche Vertriebsstrategien umsetzen

Lassen Sie Ihre Informationssammlung nicht zum „Datenfriedhof" verkommen, sondern nutzen Sie sie, um effektive Vertriebsstrategien zu entwickeln. Informieren Sie Mitarbeiter und Kollegen, die Sie bei der Datensammlung unterstützt haben, darüber, was mit ihren Informationen geschieht. Dann sind sie motiviert, Sie auch weiterhin mit Daten zu versorgen.

■ 6. System immer weiter anpassen und optimieren

Bleiben Sie flexibel bei der Vertriebsrecherche: Überprüfen Sie, ob Sie die wirklich relevanten Informationen gesammelt haben oder ob noch wichtige Punkte fehlen. Passen Sie Ihr Informationssystem gegebenenfalls an.

Tipp!

Setzen Sie bei Ihrer Suche Prioritäten.
Entscheiden Sie frühzeitig, welche Informationen für Sie wesentlich sind. Damit verhindern Sie, dass Sie sich verzetteln.

2 Neugier erlaubt: Was Sie über Kunden, Wettbewerb und Trends wissen sollten

Um rasch innerhalb von sich ändernden Märkten agieren und reagieren zu können, benötigen Sie ein aktuelles und flexibles Informationssystem, aus dem Sie schnell und zuverlässig wesentliche Daten für Ihre Vertriebsentscheidungen herausziehen können. Unerlässliche Bestandteile dafür sind Daten zu Kunden, Wettbewerbern, dem Markt und aktuellen Trends. Die folgenden Kapitel zeigen, welche Daten Sie in Ihr Informationssystem aufnehmen sollten.

2.1 Die Kunden

Für viele Unternehmen sind die Kunden eine anonyme Menschengruppe, die sie in ihren Verkaufsstatistiken erfassen. Und dabei stehen große Firmen, die eine Menge Geld in riesige Datenbanken stecken, nicht unbedingt besser da als kleine und mittelständische Unternehmen. Selbst hohe Investitionen in so genannte Customer-Relationship-Management-Systeme haben laut einer internationalen Studie der Mercer Management Consulting (*www.mercermc.de*) in vielen Fällen das Detailwissen über die vorhandenen Kunden und deren Profitabilität kaum erhöht.

Wenn Sie also in Zukunft mehr Aufträge bekommen wollen, indem Sie zum Beispiel individuellere Angebote für Ihre Kunden erarbeiten, müssen Sie systematisch Wissen über Ihre Kunden aufbauen. Wichtige Kriterien, nach denen Sie Ihre Informationssuche strukturieren können, sind:

a) Allgemeines

➤ Kundenstatuts (potenzieller Kunde, Neukunde, Stammkunde, abgewanderter Kunde)
➤ Soziodemographische Merkmale (bei Privatkunden)
Alter, Geschlecht, Wohnort, Beruf, Einkommen, soziale Stellung etc.
➤ Psychologische Merkmale (bei Privatkunden)
Persönlichkeit, Lebensstil, Werthaltungen, Einstellungen etc.
➤ Informationen zum Kundenunternehmen (Branche, Unternehmensgröße, Umsatz, Finanzkraft, Marktanteil, Produkt- und Dienstleistungsangebot, Spezialisierungen, Produktionsverfahren, Wettbewerbssituation, technische Ausstattung, Qualifikation der Mitarbeiter, die Ihre Produkte/Dienstleistungen einsetzen, Zielgruppen, Entscheider ...)

b) Profitabilität

➤ Welche Umsätze wurden mit den Kunden in den letzten drei Jahren insgesamt gemacht?
➤ Wie teilen sich die Umsätze auf die Kunden nach Produkten auf?
➤ Welche Kunden bringen den höchsten Umsatz, die höchste Rendite?
➤ Welche Kunden sind Schlüsselkunden?
➤ Welcher Kunde ist profitabel und welcher Kunde ist weniger profitabel?
➤ Wie interessant ist der Kunde hinsichtlich seiner Marktposition?
➤ Wie groß ist Ihr Marktanteil beim Kunden?
➤ Wie ist die Bonität und Zahlungsmoral des Kunden?
➤ Seit wann besteht die Kundenbeziehung?
➤ Wann war der Zeitpunkt des letzten Kontakts/Kaufs? (In welcher Form ist dieser Kontakt erfolgt?)

c) Produktnutzung/Bedürfnisse/Planungen

➤ Welche Angebote sprechen den einzelnen Kunden besonders an? Kauft er zum Beispiel eher Komplettangebote oder bevorzugt er individuelle Leistungszusammenstellungen?

➤ Welche Kaufkriterien sind für ihn entscheidend?

➤ Welche Kaufmotive hat er?

➤ Wie setzt er die Produkte ein[1]?

➤ Was sind die größten Bedürfnisse, Wünsche, Sorgen, Nöte der einzelnen Kunden?

➤ Wie wird der zukünftige Bedarf eingeschätzt? Sind Folgeverkäufe zu erwarten?

➤ Welche Serviceleistungen nimmt der Kunde in Anspruch?

➤ Worüber gab es in der Vergangenheit Beschwerden?

➤ Welches sind die bevorzugten Kontaktkanäle?

➤ Wie informiert er sich?

➤ Auf welche Marketingaktivitäten reagiert er?

d) Zusätzliches Verkaufs-Potenzial

➤ Mit welchen Produkten lässt sich die Bezugsmenge ergänzen (Cross-Selling-Angebote)?

➤ Gibt es Ansätze für Up-Selling (höherwertige Produkte)?

➤ Wie sehen Restlaufzeiten bei Verträgen aus oder die Restnutzungsdauer bei Maschinen und Geräten?

➤ Wie ist die Bereitschaft des Kunden zu Empfehlungen einzuschätzen?

e) Zeitliche Verteilung des Bedarfs

➤ Welche durchschnittliche Bezugsmenge hat der Kunde?

➤ Gibt es saisonale Schwankungen in der Bezugsmenge?

---

1 Das sind manchmal verblüffend andere Funktionen als die, für die das Produkt eigentlich konzipiert wurde (z.B. Pfeifenreiniger, die als Bastelmaterial verwendet werden). Wenn der Kunde Ihr Produkt nicht nur für den geplanten Einsatz nutzt, deutet das auf weitere – möglicherweise chancenreiche – Anwendungsgebiete hin. Das ist ebenso der Fall, wenn der Kunde das Produkt umbaut oder mit anderen Produkten kombiniert. Hier ergeben sich Ansatzpunkte, um die Produkt- und Servicepalette auszubauen oder das Produkt zu verbessern.

f) Erzielbares Preisniveau

➤ Wie viel ist der Kunde für welches Produkt bereit zu zahlen?
➤ Wo liegen Preisgrenzen?
➤ Welche Konditionen wurden bisher vereinbart?
➤ Gab es in der Vergangenheit Probleme (Lieferschwierigkeiten, Mängelrügen)?

g) Sonstige Erwartungen/Risiken

➤ Bei welchen Kunden besteht aufgrund von Beschwerden und Problemen akute Abwanderungsgefahr?
➤ Wie sieht der Kunde Ihr Unternehmen (Image)?

Der Aufwand für eine derartige Datenerfassung mag zunächst abschreckend wirken. Bleiben Sie dennoch am Ball: Je mehr Sie zusätzlich zu „einfachen" Daten wie beispielsweise Umsatz über Ihre Kunden wissen, desto besser können Sie sie einschätzen und schlagkräftige Vertriebsstrategien entwickeln.

Wo finden Sie diese Informationen über Ihre Kunden?

Abbildung 1: Die wichtigsten Informationsquellen zu Ihren Kunden

Viele wichtige Informationen über Ihre **bestehenden Kunden** haben Sie bereits in Ihrem Unternehmen.

➤ Sichten Sie die vorhandenen Daten aus der Kundendatenbank, aus Vertriebsstatistiken, Außendienstberichten, dem Rechnungswesen etc. und deren Auswertungen. Hier haben Sie in der Regel bereits die wichtigsten Grundinformationen sowie Daten zum Kunden, seinem Unternehmen, den gekauften Produkten, Umsatz, Drehzahlen, Bestellrhythmen, Deckungsbeiträgen, Bonität und Zahlungsverhalten etc.

➤ Sprechen Sie regelmäßig mit allen Abteilungen und Kollegen, die an Schnittstellen zum Kunden arbeiten, also Kollegen aus dem Vertrieb, dem Außendienst, dem Kundenservice, mit Mitarbeitern im Call Center und im Kundendienst. Sie liefern Informationen aus erster Hand.

Suchen Sie den Dialog mit Ihren Kunden in Gesprächen, Kundenbefragungen oder Fokusgruppen (Diskussionsgruppen zu einem bestimmten Thema mit ausgewählten Kunden). Durch persönliche Kontakte erhalten Sie Informationen über Ziele und Planungen des Kunden, das Ansehen des Wettbewerbs und des eigenen Unternehmens. Und wenn sich der Kunde beschwert – freuen Sie sich. Jeder Reklamierer ist ein kostenloser Unternehmensberater (vgl. Kapitel 3.4). Er liefert Ihnen Hinweise für höchst effiziente Leistungsverbesserungen. Sammeln Sie aufmerksam Nachrichten in den Medien, die Ihre Kunden und deren Branche betreffen. Mit diesem Wissen haben Sie stets einen Aufhänger für ein Gespräch.

Auch wenn Sie **Neukunden** ansprechen möchten, sind die Informationen über Ihre bisherigen Kunden eine wichtige Basis. Sie helfen Ihnen, ein Profil zu definieren, das Sie dann beispielsweise als Vorgabe an Adressverlage geben können. Dort können Sie Adressen für Direct-Mailing-Aktionen mieten. Die Kontaktdaten von Adressanbietern finden Sie in der thematisch geordneten Zusammenstellung von Internetseiten am Ende des Buches.

Bei Firmenkunden helfen überdies Mitgliederlisten von Verbänden oder Messekataloge. Wenn Sie potenzielle neue Firmenkunden identifiziert haben, können Sie sich viele Informationen auch vorab mit Hilfe des Internets oder per Telefon besorgen. Wer sind die kompetenten Ansprechpartner? Informieren Sie sich über das geschäftliche Umfeld des möglichen Kunden, seine Bonität, seine Mitarbeiter und Kunden. Welche Besuchszeiten sind sinnvoll? Wenn Sie Kunden aus Ihnen weniger bekannten Branchen gewinnen möchten, ist es zweckmäßig, mit einigen typischen Kunden dieser Branchen Gespräche zur Erkundung ihrer speziellen Problemstellungen und Bedürfnisse zu führen. Diese vergleichen Sie dann mit denen Ihrer besten Kunden. Sollten Sie eine weitgehende Ähnlichkeit feststellen, haben Sie die Voraussetzungen zur Gewinnung neuer Kunden geschaffen.

Ein Autoverkäufer geht direkt zu kleinen und mittelständischen Firmen. Auch wenn die Inhaber/Geschäftsführer für ihn zunächst „gar keine Zeit" haben, kann er dennoch mit vielen der Angesprochenen einen Termin für die Präsentation eines Fahrzeugs (angefangen vom Pkw bis hin zum Transporter) vereinbaren. Er erfährt in Vorgesprächen, welche Fahrzeuge in der Firma gefahren werden und wie alt diese sind.

Vielleicht finden Sie Ihre Zielgruppe aber auch in den Szenelokalen der Großstädte. Dann ist es eine Möglichkeit, dort Promotionaktionen zu starten. Veranstalten Sie ein Gewinnspiel mit einem attraktiven Preis und sammeln Sie auf den Teilnahmekarten die Adressen Ihrer potenziellen Kunden. Wichtig: Berücksichtigen Sie beim Umgang mit Kundendaten immer die gültigen Datenschutzvorschriften.

In Bayern veranstaltete eine private Bauträgergesellschaft eine kostenlose Veranstaltungsreihe zum Thema Immobilien. An jedem der fünf Info-Abende sprach ein ausgewählter Experte zu einem anderen Schwerpunkt. Ein Notar informierte darüber, wie Immobilien richtig vererbt werden. Über die bewusste Nutzung von Immobilien als Kapitalanlage referierte ein Steuerberater. Von einem Finanzberater wurde über Immobilien als Altersvorsorge informiert. Auch Mietrecht und die Stadtentwicklung und Stadtplanung waren Themen der Veranstaltungsreihe. Eine wei-

terführende Broschüre konnte gratis angefordert werden. Der Bauträger kam so in Kontakt mit potenziellen Neukunden, sammelte Adressen von Interessenten und präsentierte sich schon im Vorfeld des Entscheidungsprozesses als kompetenter Ansprechpartner für Immobilien-Interessierte.

2.2 Der Wettbewerb

Ihre Wettbewerber kämpfen nicht nur darum, den Bedarf, der bereits existiert oder den sie wecken, auf sich zu lenken. Vielfach versuchen sie auch, dem Markt durch Innovationen neue Impulse zu geben. In beiden Fällen ist es für Ihr Unternehmen lebensnotwendig, rechtzeitig zu wissen, was die Konkurrenz plant, um nicht nur reagieren zu können, sondern im richtigen Augenblick selbst aktiv zu werden. Sie müssen einschätzen können, wo die Stärken und wo die Schwächen Ihrer Mitbewerber liegen. Denn im Verkaufsprozess geht es darum, dass Sie es besser machen als die Konkurrenz, indem Sie aus den Schwächen des Wettbewerbs eigene Stärken entwickeln oder vom Wettbewerb lernen und vielleicht klugerweise mit ihm kooperieren.

Wichtig ist, dass Sie wissen, wen und was Sie bei Ihrer Wettbewerbsbetrachtung untersuchen. Setzen Sie dabei Prioritäten. Ihre direkten Mitbewerber sollten im Fokus Ihrer Betrachtung stehen. Sie kämpfen mit den gleichen Produkten um die gleichen Kunden wie Sie. Sie benutzen dabei die gleichen Vertriebswege und -techniken. Auch potenzielle Wettbewerber sollten Sie nicht vernachlässigen. Gibt es Unternehmen außerhalb Ihrer Branche, die sehr leicht in Ihren Markt eindringen können, weil sie über den Kontakt zu Ihren Kunden, entsprechendes Know-how und die erforderlichen finanziellen Mittel verfügen? Ein Beispiel hierfür sind Computerhersteller, die mit der Herstellung von Digitalkameras in den Markt der klassischen Fotokamera-Hersteller eindringen. Nicht zu vergessen sind auch wichtige Nischenanbieter, die mit einem begrenzten Lieferangebot kleine Marktsegmente abdecken.

Zentrale Themen der Wettbewerbsbetrachtung sind die laufende Marktbeobachtung sowie die Betrachtung von Preispolitik, Servicepolitik, Distributionspolitik, Werbepolitik, Qualität, Sortiment, Image der Wettbewerber. Wichtig sind auch Informationen über das viel gescholtene „Vitamin B". Welcher Wettbewerber hat welche persönlichen Beziehungen zu wichtigen Abnehmern?

Zu folgenden Punkten können Sie Informationen über Wettbewerbsunternehmen sammeln:

a) Allgemeines

➤ Sitz der Muttergesellschaft, Töchter/Standorte, Rechtsform, Eigentumsverhältnisse, Konzernzugehörigkeit/Verflechtungen; Geschäftsbereiche, Kooperationen, Beteiligungen, Gründungsjahr, Kernkompetenzen
➤ Qualität des Führungssystems, Geschäftsleitung, Entscheidungsträger
➤ Mitarbeiter: Anzahl, Entwicklung, Qualifikation, Motivation, Unternehmenskultur, Lohnniveau
➤ Ziele und Strategien, Zukunftspläne, Investitions- und Rationalisierungsvorhaben

b) Marktposition

➤ Marktanteil
➤ Bekanntheitsgrad, Image
➤ Internationalisierungsgrad
➤ Finanzielle Ressourcen: Umsatz, Gewinn, Cashflow, Kreditwürdigkeit, Investitionen; Kostenstruktur
➤ Zielgruppen und Kunden (Branche, Nische, Kundengröße), wichtige Schlüsselkunden

c) Produktion/Forschung und Entwicklung

➤ Produktionsstätten, Ausstattung und Modernisierungsgrad, Anzahl der Mitarbeiter, Fertigungstiefe, Produktionsverfahren, Fertigungszeiten, Produktions-Know-how, Beschaffung (Globalisierung, Hauptlieferanten)

➤ Forschung & Entwicklung: Ausstattungsgrad, Anzahl der Mitarbeiter, Time-to-Market, F&E-Know-how, Patente, Vorhaben

d) Produkte und Leistungen/Preispolitik

➤ Breite und Tiefe der Produktpalette, Hauptumsatzträger, Produkte-Vergleich (Funktionen, Stärken und Schwächen, Material-/Herstellkosten, Alter der Produkte, Produktqualität), Produktpolitik (technische Innovationen, Produktverbesserungen, Me-too-Artikel, Kostenführerschaft, geplante Produkte)

➤ Dienstleistungen: Beratung, Lieferzeit, Dokumentation, Service (Art, Anzahl der Mitarbeiter)

➤ Preisniveau, Preisverhalten, Rabattgefüge, Zusatzleistungen

e) Vertrieb und Marketing

➤ Anzahl der Vertriebsmitarbeiter, Vertriebskanäle

➤ Verkaufsargumente, Werbung (Anzeigen, Prospekte, Mailings, Kataloge ...), Öffentlichkeitsarbeit, Verkaufsförderung

➤ Kundenbindungsmanagement

➤ Beziehungsnetze

Wo finden Sie diese Informationen über Ihren Wettbewerb?

Für die Wettbewerbsbeobachtung sind die Mitarbeiter und Kollegen in Ihrem Unternehmen eine wichtige Quelle. Binden Sie Ihren Vertrieb, Ihr Call Center und Ihren Kundenservice als Wettbewerbsforscher ein: Briefen Sie sie genau dazu, wonach sie Ausschau halten sollen, und erklären Sie auch, was mit den Informationen geschieht. Oder fragen Sie Ihre Kunden selbst: „Haben Sie schon einmal bei einem unserer Mitbewerber gekauft?" Falls ja: „Wie schneiden wir im Vergleich zu dieser Firma ab?"

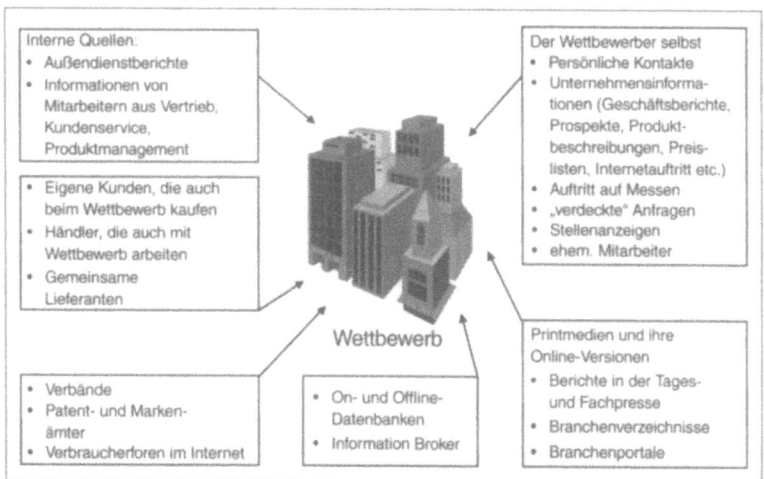

Interne Quellen:	Der Wettbewerber selbst

• Außendienstberichte
• Informationen von
  Mitarbeitern aus Vertrieb,
  Kundenservice,
  Produktmanagement
	• Persönliche Kontakte
	• Unternehmensinforma-
	  tionen (Geschäftsberichte,
	  Prospekte, Produkt-
	  beschreibungen, Preis-
	  listen, Internetauftritt etc.)

• Eigene Kunden, die auch
  beim Wettbewerb kaufen
• Händler, die auch mit
  Wettbewerb arbeiten
• Gemeinsame
  Lieferanten
	• Auftritt auf Messen
	• „verdeckte" Anfragen
	• Stellenanzeigen
	• ehem. Mitarbeiter

Wettbewerb

| • Verbände
• Patent- und Marken-
  ämter
• Verbraucherforen im Internet | • On- und Offline-
  Datenbanken
• Information Broker | Printmedien und ihre
Online-Versionen

• Berichte in der Tages-
  und Fachpresse
• Branchenverzeichnisse
• Branchenportale |

*Abbildung 2: Die wichtigsten Informationsquellen zu Ihren
Wettbewerbern*

Viele Informationen liefern Ihnen die Konkurrenten mehr oder weniger selbst: Werbeunterlagen, Verkaufsunterlagen, Geschäftsberichte, Kundenzeitungen, Prospekte, Preislisten, Produktinformationen. Diese Informationen können Sie in der Regel bei Ihren Kunden einsehen und in vielen Fällen auch direkt beim Wettbewerber anfordern.

Daneben finden Sie in Pressepublikationen wie zum Beispiel in Fachartikeln und in Berichten über Testergebnisse wichtige Informationen für die Wettbewerbsbeobachtung. Auch Adressverlage und Einkaufsführer stellen Ihnen umfangreiche Datensammlungen zur Verfügung. Verbände und Organisationen, wie zum Beispiel die IHK und die verschiedenen Branchenverbände, veröffentlichen regelmäßig Brancheninformationen.

Surfen Sie im Internet auf den Seiten Ihrer Wettbewerber, beschaffen Sie sich deren Produktpräsentationen und Kataloge auf CD-ROM/DVD. Auch andere Veröffentlichungen, wie Artikel in Fachzeitschriften und Tageszeitungen, die früher nur als gedruckte Publikationen erhältlich waren, sind heute immer öfter auch im Internet einsehbar. Durch die Nutzung professioneller Wirtschaftsdatenbanken haben Sie unter anderen Zugriff auf regelmäßig aktualisierte und systematisch erfasste Unternehmensinformationen (vgl. Kapitel 3.12).

Messen können Ihnen ebenfalls eine schnelle Übersicht über Ihre Wettbewerber liefern. Mit Hilfe von Messeverzeichnissen finden Sie die geeigneten nationalen und internationalen Fachmessen. Nutzen Sie die jeweiligen Messekataloge, um anhand der zutreffenden Selektionsmerkmale Ihre Wettbewerber zu identifizieren, und holen Sie entsprechende Angebote und Produktinformationen ein.

Und noch einige spezielle Hinweise zur Wettbewerbsbeobachtung:

➤ Suchen Sie den Kontakt zu Personen, mit denen Ihr Konkurrent in Geschäftsbeziehungen steht: Sprechen Sie mit Händlern, die auch Konkurrenzprodukte vertreiben. Auch das Gespräch mit Lieferanten der Konkurrenz, bei denen man selbst Kunde ist, kann wertvolle Informationen liefern.

➤ Raffiniert sind verdeckte „Kunden"-Anfragen bei der Konkurrenz. Achten Sie dabei nicht nur auf den Preis, sondern halten Sie beispielsweise auch fest: Wie lange dauert es von der Anfrage bis zum Angebot bzw. bis zum Eintreffen des Produkts? Werden Rabatte gewährt? Wie sind die Zahlungskonditionen?

➤ Halten Sie Ausschau nach Stellenanzeigen des Wettbewerbs. Vor Einführung eines neues Produkts werden häufig geeignete Mitarbeiter im Service oder Vertrieb gesucht.

➤ Nicht ganz die feine Art, aber von Unternehmen praktiziert ist das Beschaffen von Informationen von ehemaligen oder sogar gegenwärtigen Mitarbeitern der Konkurrenz. Man kann auch Stellenbewerber ausfragen, die bei der Konkurrenz gearbeitet haben. Es kommt auch vor, dass fiktive Stellenanzeigen ausgeschrieben werden, um Bewerbungsgespräche mit Mitarbeitern der Mitbewerber führen zu können.

Tipp!

In der Praxis werden gute Ergebnisse erzielt, wenn ein Vertriebsmitarbeiter als „Pate" für einen Mitbewerber fungiert und alle verfügbaren Informationen über ihn sammelt.

2.3 Markt und Branche

Die Vertriebsrecherche hilft Ihnen zu ermitteln, wie sich Ihr Markt entwickelt, wo sich Absatzchancen auftun könnten und welche Risiken für Ihre Positionierung bestehen. Es geht darum, Änderungen relevanter Faktoren in einem bestimmten Bereich so frühzeitig zu erkennen, dass Ihr Unternehmen die Möglichkeit hat, die notwendigen Anpassungs- und Korrekturmaßnahmen einzuleiten.

Branchenbezogene Analysen müssen die vorhandenen Rivalitäten unter den bestehenden Wettbewerbern, die Bedrohung durch Substitution und neue Konkurrenten sowie das Verhalten der Abnehmer und Lieferanten berücksichtigen. Folgende Faktoren können untersucht werden:

a) Markt

➢ Marktzutrittsbarrieren
➢ Marktpotenzial
➢ Marktsegmentierung
➢ Vertriebskanäle

b) Produkt

➢ Position im Produkt-Lebenszyklus (Entstehungs-, Wachstums-, Reife- oder Sättigungsphase)
➢ Rate des technologischen Produktwandels
➢ Bedrohung durch Substitutionsprodukte

c) Abnehmer

➢ Stabilität der Nachfrage nach Produkten oder Dienstleistungen
➢ Veränderungen in der Bedürfnisstruktur
➢ Verhandlungsstärke und Verhalten der Abnehmer
➢ Durchschnittlicher Kapazitätsnutzungsgrad der Branche

d) Wettbewerber und Lieferanten

➤ Verhandlungsstärke und Verhalten der Lieferanten
➤ Verhalten der etablierten Wettbewerber
➤ Bedrohung durch neue Wettbewerber

Um Ihre eigene Position im Markt zu bestimmen, ist es notwendig, herauszufinden, wie hoch das Marktvolumen insgesamt ist und welchen Anteil Ihr Unternehmen daran hat. Der Marktanteil berechnet sich wie folgt:

$$\text{Marktanteil (\%)} = \frac{\text{Absatzvolumen}}{\text{Marktvolumen}} \times 100$$

Der Marktanteil kann auf verschiedenen Ebenen ermittelt werden. Einerseits kann er für den Gesamtmarkt berechnet werden, andererseits pro Produktlinie oder Produkt.

Wo finden Sie Informationen über Markt und Branche?

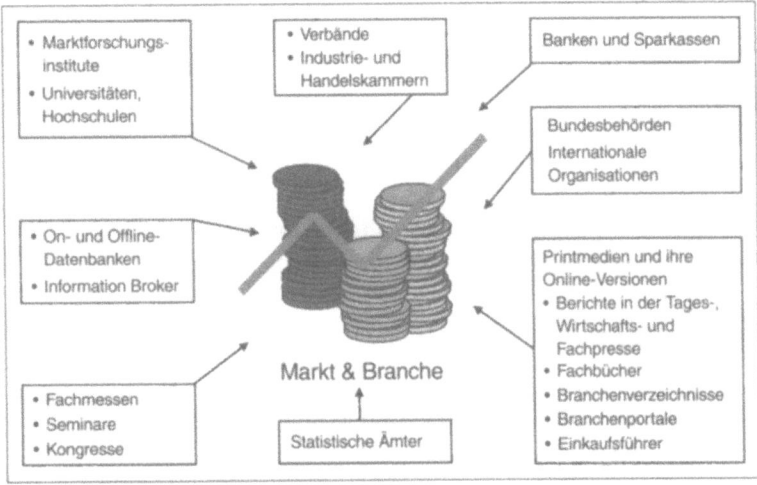

Abbildung 3: *Die wichtigsten Informationsquellen zu Markt und Branche*

➤ Einen guten Einstieg in die Recherche zu einzelnen Branchen bieten die Seiten des Bundesministeriums für Wirtschaft und Arbeit *(www.bmwa.bund.de)*. Hier finden Sie jeweils auch weiterführende Links. Zu Behörden und Institutionen, die Ihnen Informationen über ausländische Märkte liefern, vgl. Kapitel 3.7.

➤ Werten Sie die Informationsmaterialien und -veranstaltungen Ihrer Branchenverbände aus. Über Mitgliederlisten und Branchenportale können Sie sich einen Überblick über die Marktpartner verschaffen. Statistische Ämter sowie die Industrie- und Handelskammern stellen ebenfalls branchenbezogene Auswertungen zur Verfügung.

➤ Verfolgen Sie die Berichterstattung in der Branchenpresse, in der Wirtschafts- und Fachpresse. Vielfach können Sie hier auch E-Mail-Newsletter abonnieren, die Sie online auf dem Laufenden halten. In der Fachpresse finden Sie häufig Hinweise auf Branchenstudien von Marktforschungsinstituten, die Sie beziehen können.

Tipp!

Unter dem Link „Presse" stellen viele Beratungs- und Marktforschungsinstitute auf ihren Internetseiten Pressemitteilungen und Zusammenfassungen ihrer Studien ins Netz.

➤ Nutzen Sie branchenspezifische Veröffentlichungen von Verlagen. Adressverzeichnisse und Marktführer geben Ihnen einen Überblick über Firmen, die in Ihrer Branche vertreten sind (z.B. *www.branchen-index.com*).

Ein Beispiel: Zur Entwicklung des Automobilmarktes gibt es eine Reihe von Studien, die von Verlagen, Verbänden und öffentlichen Institutionen veröffentlicht werden. Die Motor-Presse Stuttgart gibt jährlich das Kompendium „Autofahren in Deutschland" (Faszination, Kfz-Märkte, Trends) heraus (www.mps-anzeigen. de). Der DAT-Veedol-Report enthält jährliche Daten zu Handel, Neu- und Gebrauchtwagenmarkt sowie Kfz-Service (www.kfzbe trieb.de). Der Focus Magazin Verlag veröffentlich unter www.me

dialine.de Daten zum Markt der Automobile. In eine ähnliche Richtung gehen die G+J-Branchenbilder und Trendprofile (www. gujmedia.de). Zum Pkw-Markt finden Sie eine umfassende Branchenbetrachtung von Axel-Springer-Marketing Anzeigen unter www. mediapilot.de. Über Trends bei Marken und Modellen informiert auch der ADAC-Verlag unter www.media.adac.de. Das Kraftfahrt-Bundesamt liefert in seinen Jahresberichten und Statistiken Daten zu Fahrzeugbestand, Modellen, Zulassungen. Über die Entwicklung in der Automobilbranche informiert auch der Verband der Automobilindustrie (VDA) in seinen Jahresberichten (www.vda.de).

➤ Informieren Sie sich bei Fachmessen, Seminaren und Kongressen (vgl. Kapitel 3.5).

➤ Schalten Sie einen Information Broker ein. Diese Firmen recherchieren für Sie in Wirtschaftsdatenbanken, Statistiken, Internetressourcen und Presseberichten und stellen individuelle Marktübersichten zusammen (vgl. Kapitel 3.13).

➤ Verfolgen Sie Magazine im Fernsehen und Hörfunk, um über die Entwicklung Ihrer Branche, der Produkte und Unternehmen auf dem Laufenden zu sein.

2.4 Die Trends

Mitmachen spart Geld und macht sogar noch Spaß. Diesen Trend griff IKEA mit seinen Möbel-Bausätzen auf, als die traditionellen Möbelanbieter Probleme beim Absatz ihrer Produkte bekamen. Heute trifft es die großen Tourismusunternehmen. Der deutsche Reisende war jahrelang unterwegs als verwöhnter und rundumversorgter Pauschaltourist. Nun starten immer mehr Passagiere von kleinen abgelegenen Flughäfen, deren Namen sie vor kurzer Zeit nicht einmal kannten. Sie verzichten auf Komfort und Service und genießen die mitgebrachte Wurstsemmel.

Dies sind zwei Beispiele für Chancen und Potenziale, die sich Unternehmen erschließen, wenn sie frühzeitig Trends erkennen und nutzen.

Es gibt verschiedene Methoden, um selbst Trends zu identifizieren. Die wichtigste Methode der Trenderkennung ist die kontinuierliche Beobachtung. Hierzu gehört die Sichtung und Auswertung nationaler und internationaler Medien. Zur Trenderkennung dienen Lifestyle-Magazine genauso wie Fachzeitschriften. Auch Radio, Fernsehen und Internet bieten sich als Informationsquelle an. Beobachten Sie: Welche Themen, welche neuen Produkte werden häufiger erwähnt und könnten sich zum Trend entwickeln? Anhand öffentlicher Studien oder eigener Auswertungen – zum Beispiel Befragungen – können Sie die Beweisführung für Ihre Trendhypothese vornehmen.

Alle Trends, die Ihre Branche betreffen, sind wichtig. Allerdings sollten Sie auch Nachbarbranchen im Auge behalten, da Trends häufig von einer Branche auf andere übertragen werden.

Prüfen Sie Trendprognosen, auch jene von so genannten Trendexperten, immer genau. Nicht jede Entwicklung, die sich andeutet, wird wirklich zum Trend.

Wenn Sie eine neue Entwicklung in der Gegenwart erkennen, dann wägen Sie ab, ob und wie wahrscheinlich es ist, dass sich diese Entwicklung in der Zukunft fortsetzt und in welcher Stärke. Spiegelt sich die beobachtete Entwicklung in verschiedenen unabhängigen Statistiken, Quellen und Ansichten wider? Wenn Sie diese Fragen positiv beantwortet haben, dann können Sie davon ausgehen, dass sich hier ein neuer Trend abzeichnet und entsprechend reagieren. Die folgenden Bereiche sollten Sie im Auge behalten:

a) Gesamtwirtschaftliche Entwicklung

Die allgemeine Konjunkturerwartung und Arbeitsmarktentwicklung haben einen Einfluss auf den Absatz Ihrer Produkte. Wechselkurse wirken sich aus, wenn Sie im Auslandsgeschäft tätig sind. Informationen hierzu liefern die Statistischen Ämter *(www.destatis.*

de) und der Deutsche Industrie- und Handelskammertag *(www. dihk.de)*.

b) Markttrends

Quantitative Informationen in Form von Zahlen über Marktdaten (Absatzzahlen, Exportrate, Preisniveau, ...) spielen hier eine wichtige Rolle. Wenn sich ein bestimmtes Produkt von Ihnen oder auch von der Konkurrenz sehr gut verkauft, ist immer nachzuforschen, ob sich da ein Trend abzeichnet. Dies trifft nicht nur für neue Produkte zu. Auch ältere Produkte können im Rahmen eines Revival-Trends wieder unerwartet hohen Absatz finden. So wurde der seit mehr als 30 Jahren bekannte kopfnickende Dackel wieder populär, nachdem er im Werbespot eines großen Mineralölunternehmens aufgetaucht war.

Akquisitionswellen und der Trend zu Unternehmenszusammenschlüssen lassen sich in fast allen Branchen beobachten. Die Folge ist eine Erhöhung der Wettbewerbsintensität. Durch Bündelung können sich kleinere Unternehmen in Bereiche vorwagen, die auf Grund der größeren Ressourcen bisher von Großunternehmen besetzt waren.

Informationen über das Marktwachstum und die Marktgröße finden Sie in den veröffentlichten Daten der Statistischen Ämter *(www.destatis.de)* und in den Studienergebnissen verschiedener Beratungsgesellschaften und Marktforschungsinstitute *(www.marktstudie.de)*.

c) Technologische Trends

Hier geht es um technische Entwicklungstendenzen. Beobachten Sie Produktionstechnologien, Prozessinnovationen, Produktinnovationen und mögliche Substitutionstechnologien, die in Bezug auf Ihr Angebot von Bedeutung sind oder werden könnten. Auch die Verwendung neuer oder anderer Materialien kann zu Verschiebungen führen.

Magnesium wurde zum Beispiel für Anwendungen in der Elektronik- und Automobilbranche zu einer ernst zu nehmenden Konkurrenz für Polymerwerkstoffe und Aluminium.

Auch die Entstehung ganz neuer Märkte ist durch technologische Entwicklungen möglich. Ein Beispiel ist das Entstehen von Auktionsplätzen wie zum Beispiel eBay im Internet.

Technologische Trends werden auch von staatlicher Seite beeinflusst. Orientiert sich eine Regierung beispielsweise stark an ökologischen Zielen, so kann durch Normen, Gesetze und Fördermaßnahmen Einfluss auf die Entwicklung umweltfreundlicher Technologien genommen werden.

d) Demographische Trends

Die Verschiebungen in der Alterspyramide führen dazu, dass es immer mehr ältere Menschen gibt. Hier treffen demographische und gesellschaftliche Entwicklungen zusammen. Es handelt sich um eine neue Generation von aktiven Senioren, die selbst- und gesundheitsbewusster ihr Leben gestalten wollen. Sie verfügen über mehr finanzielle Mittel, um die Befriedigung ihrer Bedürfnisse einzufordern. Es bietet sich ein großes Potenzial für die seniorengerechte Gestaltung fast aller Produkte und nicht nur von Wellness- und Fitnessangeboten, Betreutem Wohnen und Rehabilitationsmaßnahmen.

e) Gesellschaftliche Trends

Hierzu gehören Stichworte wie Wertewandel, Individualisierung, Mobilität, Konsum und Freizeitverhalten und als Folge daraus die Veränderung in Kundenbedürfnissen und -ansprüchen.

Gegenwärtig ist zu beobachten, dass der Trend der Individualisierung und Selbstverantwortung zunimmt. Professionalisierung, Selbstoptimierung, Eigenvermarktung und Selbstdarstellung sind Ausprägungen dieser Entwicklung. Konsum wird dabei zur Bestätigung des Selbstentwurfs. Man will sich immer seltener in traditionelle, fest gefügte und hierarchische Beziehungen einordnen. Bevorzugt werden flexible Kooperationen mit höherer Autonomie.

So wurde Sport früher vorwiegend in Vereinen betrieben und diente der Förderung des Gemeinschaftsgefühls sowie der Gesunderhaltung. Heute wird Sport zunehmend für individuelle Grenzerfahrungen und zur Selbstinszenierung genutzt.

Wer fährt heute noch mit einem einfachen Fahrrad? Hightech-Sportgeräte und das zugehörige Outfit gehören jetzt zum Straßenbild. Der ehemalige Nischenmarkt für Funktionskleidung entwickelt sich zum Massenmarkt. Haben sich die Leute früher zum Wandern robuste Wanderschuhe aus Leder gekauft, so gehören heute zur Outdoor-Bewegung Funktions-Trekking- und Wanderstiefel, die winddicht, atmungsaktiv und wasserabweisend sind. Bekleidung und Technik verschmelzen immer stärker. Diese Trends führen dazu, dass die Verbraucher zu neuen Käufen motiviert werden.

Studien zum Wertewandel bestätigen die Gewichtung von Gesundheit als höchstes Gut. Der Begriff der Gesundheit wird immer häufiger nicht mehr in Zusammenhang mit dem Begriff Krankheit gesehen, sondern als positiver Wert an sich betrachtet. Die Verbindung von Gesundheitsorientierung und dem Streben nach höherer Individualität der häufig gut informierten Konsumenten bringt neue Herausforderungen an die Flexibilität und das Wissen im Vertrieb. Die Gesundheits- und Wellnessorientierung bietet Chancen, sich durch neue Angebote von den Wettbewerbern abzusetzen.

Häufig werden diese Trends frühzeitig in öffentlich zugänglichen Studien beschrieben. So finden Sie zum Beispiel unter *www.trend buero.de* oder *www.zukunftsinstitut.de* umfangreiche Informationen zu Trends. Sie können dort aktuelle Studienergebnisse abrufen und selbst Trendstudien in Auftrag geben. Die Kontaktadressen weiterer Studienanbieter finden Sie in der thematisch geordneten Zusammenstellung von Internetseiten am Ende des Buches (vgl. Kapitel 7.2.1).

f) Ökologische Trends

Wie entwickelt sich das Umweltbewusstsein der Bevölkerung? Bleiben Rohstoffe und Energien verfügbar oder ist mit Knappheit zu rechnen? Welche gesetzlichen Regelungen zu ökologischen Fragen gibt es? Welche sind zu erwarten? Diese und ähnliche Fragen gehören dazu, wenn man sich mit den ökologischen Trends auseinander setzt. Hier kann man die aktuelle Diskussion in den Medien verfolgen. Über spezielle Fragen informiert beispielsweise auch das Umweltbundesamt auf seinen Internetseiten *(www.umweltbundes amt.de)*.

g) Rechtliche Trends – Einflüsse durch neue Gesetze und Vorschriften

Besonders durch die Deregulierungsbestrebungen der Bundesregierung und der Europäischen Union ergeben sich tief greifende Veränderungen in verschiedenen Branchen.

Seit dem 01. Oktober 2002 gilt die neue Gruppenfreistellungsverordnung (GVO) für den europäischen Autohandel. Auf diese Weise ergeben sich für Händler auch neue Möglichkeiten, die ihnen bisher auf Grund von Exklusiv-Vereinbarungen untersagt waren. Ein Händler kann sich nun zum Beispiel auf das Angebot von Geländewagen spezialisieren und bietet in seinen Verkaufsräumen die Geländewagen aller Hersteller an. Der Kunde hat dadurch die Möglichkeit, bei einem Händler die verschiedenen Geländewagenmodelle direkt zu vergleichen. Hieraus ergeben sich Chancen und Risiken. Für die Hersteller besteht die Gefahr, dass der Kunde im direkten Vergleich seiner Marke schneller untreu wird und der Wettbewerb sich verschärft. Für einen Händler bedeutet es die Chance, einem Kunden, der an Geländewagen interessiert ist, aus dem gesamten Geländewagenangebot genau das Fahrzeug anbieten zu können, das den Bedürfnissen und Vorstellungen des Kunden entspricht und nicht mehr auf die Modelle eines Herstellers beschränkt zu sein.

Über geplante Gesetzesänderungen wird regelmäßig in der Tagespresse und in den Branchen- und Fachzeitschriften berichtet. Dort werden auch häufig die Szenarien beschrieben, die sich aus einer Gesetzesänderung ergeben könnten. Es wird über den Stand der Lobby-Arbeit der eigenen Branchenvertreter berichtet. Informieren Sie sich genauer über die geplanten gesetzlichen Regelungen, die Auswirkungen auf Ihre Produkte haben könnten. Überlegen Sie, wie Sie darauf reagieren können. Weisen Sie auch Ihre Kunden auf kommende Gesetzesänderungen hin und zeigen Sie Lösungswege auf, wie die Kunden mit Ihren Produkten problemlos die neuen Vorschriften erfüllen können.

Handlungsbedarf auf Grund der ermittelten Trends

Prüfen Sie, welche Bedeutung die ermittelten Trends für Ihren Markt besitzen. Mögliche Auswirkungen können sein:

➤ steigende oder sinkende Qualitätsanforderungen (z.b. Ökosiegel)
➤ neue Vertriebskanäle (z.B. Internet)
➤ stärkeres oder schwächeres Marktwachstum
➤ Entstehen neuer Märkte
➤ Marktzusammenbruch (z.b. der Markt für Schreibmaschinen nach der PC-Entwicklung)

Betrachtet man zum Beispiel bei den technologischen Einflüssen die Möglichkeiten näher, die das Internet bietet, so ergeben sich für den Vertrieb folgende Fragen:

➤ Können Sie durch das Internet neue Märkte erreichen? Falls ja: Können Sie diese Märkte auch logistisch und organisatorisch betreuen?

➤ Wie groß ist die Gefahr, dass ausländische Mitbewerber durch das Internet auf Ihren Heimatmarkt zugreifen? Welche Reaktionsmöglichkeiten haben Sie in diesem Fall?

➤ Können Sie Ihre Produkte über das Internet vertreiben? Wenn ja, ist das Internet für Sie ein geeigneter Vertriebskanal?

Für die deutschen Apotheken schrillen die Alarmglocken, seit auch Patienten aus Deutschland bei der Internet-Apotheke Doc-Morris Arzneimittel bestellen und dies von einigen Krankenkassen aus Kostengründen gefördert wird. Die Suche der Kranken-

kassen nach Einsparpotenzialen und das Entstehen des Internet-vertriebs hat damit Einfluss auf die Gesamtstruktur des Arznei-Marktes.

Tipp!

Möchten Sie aktuelle Trends für eine Präsentation illustrieren? Globus-Grafiken *(www.dpa.de)* visualisieren über das tagesaktuelle Geschehen hinaus Hintergründe und Zusammenhänge. Der Dienst wird 14-tägig bereitgestellt. Zu den Schwerpunkten gehören Wirtschaft und Finanzen, Soziales und Umwelt, Wissenschaft und Technik. Die Grafiken liefern Kennzahlen und Trends zur Konjunktur- und Sozialpolitik, erklären Zusammenhänge, informieren über Gesetzesänderungen und decken Service- und Ratgeberthemen ab. Für Kunden sind alle aktuellen und archivierten Grafiken auf einer Internet-Plattform verfügbar.

3 Der Kompass für den Datendschungel: Wo Sie Vertriebsinformationen finden

In Kapitel 2 haben Sie eine Struktur für Ihre Vertriebsinformationen bekommen und einen kurzen Überblick über die wichtigsten Quellen erhalten. Wo Sie diese Quellen im Einzelnen finden und wie Sie sich gezielt erschließen, lesen Sie in diesem Kapitel. Sie werden dabei auf einige Methoden stoßen, die Sie bereits aus Ihrer täglichen Arbeit kennen. Hier dienen die Ausführungen dazu, Sie noch stärker für die Vertriebsrecherche im Alltag zu sensibilisieren. Betrachten Sie einmal die vertrauten Situationen unter einem neuen Blickwinkel: Welche Informationen können Sie hier zusätzlich gewinnen?

3.1 Der Außendienst

In Umfragen bei mittelständischen Unternehmen werden immer wieder die Berichte des Außendienstes als wichtigste Informationsquelle für den Absatzmarkt genannt. Von den Außendienstmitarbeitern können in erster Linie Informationen über den Wettbewerb und über Kunden eingeholt werden.

☛ Ein **Hinweis:** Fordern Sie von Ihren Außendienstmitarbeitern keine Informationen, deren Sinn und Nutzen für diese nicht auf Anhieb ersichtlich ist und die Sie sich auch anderweitig ohne große Mühe beschaffen können.

Zu folgenden Fragen kann der Außendienst Informationen liefern:

Kunden

➤ Wie ist der Warenfluss beim Kunden?

➤ Was beeinflusst die Kaufentscheidung des Kunden (bestimmte äußerliche Merkmale, wesentliche Produkteigenschaften, Preis/ Preissenkungen, Verpackung, Produkttreue, Finanzierungshilfen, Markentreue, saisonale oder konjunkturelle Einflüsse)?

➤ Gibt es Nachfrageschwankungen bei den Kunden? Wodurch sind sie bedingt?

➤ Wie ist die Geschäftssituation des Kunden (z.B. Standortveränderungen, Produkt- und Sortimentserweiterungen oder -kürzungen, räumlicher Geschäftsausbau, Personalveränderungen, Umwandlungen in der Rechtsform, Aufnahme oder Beendigung der Mitgliedschaft bei Einkaufsverbänden oder ähnlichen Zusammenschlüssen)?

➤ Wie sieht es mit der Bonität des Kunden aus?

Wettbewerb

➤ Wie stark ist die Konkurrenz?
➤ Werden die Angebotsbedingungen eingehalten?
➤ Wie geht man mit Reklamationen um?
➤ Werden Änderungswünsche erfüllt?
➤ Über welches Image verfügt die Konkurrenz?
➤ Wie werden die Wettbewerbsprodukte angenommen?
➤ Wie ist ihre Lebensdauer?
➤ Welche Pflege und Wartung beanspruchen sie?
➤ Hat der Wettbewerb neue Produkte oder Leistungen eingeführt? Plant er Innovationen?
➤ Welche Preispolitik verfolgt der Wettbewerb?
➤ Ist eine Preisentwicklung nach oben oder nach unten erkennbar?
➤ In welcher Höhe werden Rabatte und andere Konditionen gewährt?
➤ Welchen Erfolg hat die Konkurrenz mit ihrer Rabattpolitik?

Die klassische Form, in der der Außendienst die Ergebnisse seines Besuchs festhält, ist der Besuchsbericht. Allerdings sind Besuchsberichte noch häufig eine Quelle des Ärgers in den Unternehmen: Der Außendienstler fühlt sich kontrolliert, und Verkaufsleiter können mit den Berichten wenig anfangen, weil jedem Mitarbeiter etwas anderes wichtig ist. Außerdem wird oft versäumt, dem Außendienst eine Rückmeldung zu den gelieferten Informationen zu geben und ihn seinerseits mit den wesentlichen Daten aus dem Vertriebsinformationssystem zu versorgen. Berücksichtigen Sie deshalb folgende **Kriterien bei Besuchsberichten:**

➤ Halten Sie den Bearbeitungsaufwand klein. Der Bericht pro Kunde sollte weniger als fünf Minuten Bearbeitungszeit erfordern.

➤ Standardisieren Sie die Berichte in den wichtigsten Punkten. Nur dann lassen sie sich vergleichen, ermöglichen Statistiken und die Auswertung beispielsweise über Excel.

➤ Binden Sie Innendienst und Service über standardisierte und via E-Mail versendbare Besuchsberichte in den Informationsfluss ein.

➤ Richten Sie den Besuchsbericht so ein, dass er als Leitfaden für das Kundengespräch genutzt werden kann. Dann wird er auch tatsächlich eingesetzt und die für Sie interessanten Fragen werden gestellt.

Aufbau eines Besuchsberichts
– Muster –

➤ Datum: _____

➤ Firma: _____

➤ Ansprechpartner: _____

➤ Adresse: _____

➤ Telefon/E-Mail: _____

➤ Umsatz bislang: _____

➤ Gekaufte Produkte: _____

➤ Auftragspotenzial (Einschätzung von 5 = sehr groß bis
   1 = sehr klein): _____

➤ Gesprächsthema: _____

➤ Dauer des Gesprächs: _____

Einschätzung des Kunden zu (von 5 = sehr gut bis 1 = sehr schlecht):

➤ Allgemeine wirtschaftliche Situation: _____

➤ Eigene wirtschaftliche Situation: _____

➤ Wirtschaftliche Lage der Wettbewerber des Kunden: _____
  _____

➤ Eigene interne Situation: _____

➤ Besondere Engpass-Situation beim Kunden: _____

Der Wettbewerb

➤ Wann war der letzte Wettbewerber-Besuch: _____

➤ Wer? _____

➤ Worüber wurde gesprochen? _____

Private Situation des Kunden

➤ Gesundheit: _____

➤ Urlaub: _____

➤ Hobby/Familie/Karriere: _____

➤ Besondere Beobachtungen: _____

Abschluss-Chancen für einen Auftrag

➤ Wann fällt eine Entscheidung? _____

➤ Was behindert noch? _____

➤ Was ist noch zu tun? _____

➤ Weiteres Thema? _____

➤ Besondere Bemerkungen: _____

Wie ist der Kunde zufrieden mit (von 5 = sehr bis 1 = gar nicht)

➤ unseren Produkten: _____

➤ unserem Service: _____

➤ unserem Image im Markt: _____

➤ Besondere Bemerkungen zu unserem Unternehmen: _____

Dringend veranlassen: _____
_____

3.2 Das persönliche Gespräch mit Kunden

Ein persönliches Gespräch mit dem Kunden kann sich bei vielerlei Gelegenheiten ergeben: bei Besuchsterminen Ihres Außendienstes oder bei Ihren eigenen Kundenbesuchen, wenn der Kunde in Ihrem Unternehmen vorbeikommt, wenn er anruft ... Denken Sie bei allen Ihren täglichen Aktivitäten mit Kundenkontakt daran, durch Beobachten und Erfragen möglichst viele relevante Informationen zu sammeln.

3.2.1 Die Gesprächsvorbereitung

Bereits im Vorfeld können Sie sehr viel dafür tun, dass ein angenehmes Gesprächsklima entsteht. Je mehr Sie über den Verhandlungspartner wissen, sowohl geschäftlich als auch privat, desto leichter wird sich das Gespräch gestalten. Der Kunde ist auch im Business-to-Business-Geschäft nicht nur Repräsentant eines Unternehmens, sondern ein Mensch mit Bedürfnissen. Zeigen Sie deshalb Interesse an seiner Person. Die persönliche Bindung ist wichtig, in einigen Fällen sogar entscheidend für den Verhandlungserfolg.

Die folgenden Informationen sollten Sie über Ihre gewerblichen Kunden schon weitgehend haben:

➤ Sie kennen Ihren Ansprechpartner, wissen, welche Position er im Unternehmen hat, wer seine Vorgesetzten, seine Mitarbeiter und Assistenten sind.

➤ Sie kennen die Besitzstruktur des Unternehmens (selbstständig oder Tochterunternehmen) und die Hierarchie im Unternehmen.

➤ Sie wissen Bescheid über die Marktposition des Kunden, seine Marktanteile, seine wirtschaftliche Lage, seine Abnehmer und die wichtigsten Wettbewerber.

➤ Sie kennen die bisher geschlossenen Verträge.

➤ Sie wissen was, wann und zu welchem Preis und zu welchen Konditionen geliefert wurde, und Sie wissen, ob es Unstimmigkeiten oder Beschwerden gab.

Diese Informationen sollten Sie aus der Kundendatei entnehmen können. Prüfen Sie, wie aktuell die Informationen sind, die Ihnen vorliegen. Gab es in der letzten Zeit Veränderungen beim Kunden, zum Beispiel Umstrukturierungen des Unternehmens, Kompetenzverschiebungen, Änderungen der Produktpalette?

Wenn in Ihrem Unternehmen kein spezielles Informationssystem existiert, dann entwickeln Sie ein System der Informationserfassung, das Ihren persönlichen Bedürfnissen gerecht wird. Dies können zum Beispiel Fragebögen und Checklisten sein. So bietet sich beispielsweise die Nutzung eines Kundensteckbriefes an. Dieser enthält die wichtigsten Daten jedes Kunden und wird in regelmäßigen Abständen überprüft und aktualisiert. Nachfolgend finden Sie ein Beispielformular für einen Kundensteckbrief:

Steckbrief: Gewerbliche Kunden	
Kunden-Nr.	
Firma	
Anschrift	
Ansprechpartner, Funktionen	
Telefon, Mobil, E-Mail, Fax	
Organigramm	
Produktpalette, Vertriebsformen, Marktanteil	
Stärken des Kunden	
Schwächen des Kunden	
Chancen einer Zusammenarbeit	
Risiken einer Zusammenarbeit	
Absatz-Potenzial	

Fortsetzung Steckbrief: Gewerbliche Kunden			
Strategisches Ziel der Zusammenarbeit / Vision (Wo wollen wir in fünf Jahren sein?)			
Einzel-Ziele	Maßnahmen	Wer handelt?	Bis wann?
Bemerkungen			

Ideal ist, wenn Sie darüber hinaus auch noch einige persönliche Details über Ihren Gesprächspartner wissen. Sie kennen vielleicht seinen Geburtstag, seine Hobbys/Interessen und die Namen seiner Kinder. Sie wissen, in welchen Klubs oder Vereinen er sich engagiert, denn eventuell gibt es hier Empfehlungspotenzial, und Sie wissen auch, welche Themen Sie besser nicht anschneiden. Diese Informationen erhalten Sie nicht sofort, aber nach und nach können Sie sie aus Gesprächen zusammentragen. Sie zeigen dem Kunden durch Fragen Ihr Interesse an seiner Person, und die Antworten helfen Ihnen wiederum, die persönliche Beziehung zum Kunden zu intensivieren.

3.2.2 Die Ziele des Gesprächs

Beim Gespräch mit dem Kunden geht es darum, unaufdringlich Informationen zu gewinnen, die vor allem für die optimale Angebotsgestaltung und die individuelle Kundenbetreuung von Nutzen sind. Ihre Ziele können dabei sein:

Kundenbedürfnisse erkennen

Hat man es mit **Privatkunden** zu tun, so stellt man fest, dass ihnen häufig ihre Bedürfnisse nicht konkret bewusst sind. Stattdessen erzählen sie von bestimmten Situationen, Problemen und Einschränkungen. Solche Aussagen können Sie analysieren und so die zu Grunde liegenden Bedürfnisse erkennen. Die genaue Beobachtung des Kunden bei der Nutzung Ihrer Produkte, aber auch bei der Nutzung von Konkurrenzprodukten kann Ihnen wertvolle Hinweise auf die Bedürfnisse des Kunden geben. Zusatzinformationen erhält man auf einfache Weise auch bei Anfragen. Viele Kunden sind häufig bereit, ergänzende Auskünfte zu geben – zumindest dann, wenn sie in Zusammenhang mit ihrem Anliegen stehen. Beispielsweise können Sie einen neuen Kunden bei seiner ersten Bestellung fragen: „Wie sind Sie auf uns aufmerksam geworden?" Daraus können Sie schließen, welche Ihrer Werbewege besonders gut funktionieren.

Wenn Sie für **gewerbliche Kunden** tätig sind, sollten Ihre Produkte und Leistungen eine möglichst hohe Kompatibilität zur vorhandenen Technik, Unternehmensorganisation und zum Personal haben. Deshalb ist es wichtig, sich hierüber schon im Gespräch vor der Angebotserstellung zu informieren. Sie können dann Ihr Angebot genau auf die Situation des Kunden ausrichten. Die daraus resultierende höhere Beratungskompetenz können Sie unter Umständen zur Durchsetzung höherer Preise nutzen. Zuverlässigkeit, Risikovermeidung und Kosteneinsparungspotenzial sind ebenfalls wichtige Merkmale für gewerbliche Kunden. Diese Kriterien können somit auch wichtige Ansatzpunkte in Ihrer Nutzenargumentation sein. Prüfen Sie auch bei Stammkunden immer wieder neu, wo gerade bei diesen Kunden die Ansatzpunkte für Ihre Nutzenargumentation liegen.

Der gewerbliche Kunde kauft, wenn ihm der Kauf Gewinn bringt. Sie als Verkäufer zeigen die Gewinnchancen und helfen ihm, diese zu realisieren. Ihr gewerblicher Kunde kann seinen Gewinn mit Hilfe Ihres Angebotes zum Beispiel in folgenden Bereichen steigern:

➤ verbessertes Sortiment
➤ Einsatz kostengünstigerer Werkstoffe und Teile

- verbesserte Produktqualität
- verbessertes Image und Garant bestimmter Leistungen
- rationellere Fertigung.

Wenn Sie in Erfahrung gebracht haben, welche Vorteile für Ihren Kunden zutreffen, dann können Sie diese gezielt in Ihrer Verkaufsargumentation einsetzen. Gegebenenfalls haben Sie auch Anhaltspunkte erhalten, um dem Kunden einen unerwarteten Zusatznutzen (Added Value) zu bieten.

Künftige Bedürfnisse des Kunden kennen

Wer sich nur auf den gerade aktuellen Bedarf des Kunden konzentriert, merkt nicht, wenn sich der Kunde schon auf andere Märkte zubewegt und demnächst einen zusätzlichen oder andersartigen Bedarf haben wird. Um den zukünftigen Bedarf des Kunden rechtzeitig zu erfassen, sollten Sie in Gesprächen immer auf Aussagen achten, die auf mögliche Neuausrichtungen im Sortiment, auf die Ausrichtung seiner Forschungs- und Entwicklungsarbeiten und auf mögliche Kooperationen hindeuten. Beispiel: „Ich habe gesehen, dass Sie anbauen. Welche Abteilung wird denn vergrößert?"

Mitwirkende einer Kaufentscheidung herausfinden

In Unternehmen und Organisationen trifft der Einkäufer die Kaufentscheidung nicht immer allein. Auch die zukünftigen Anwender und andere Personen (z.B. Geschäftsführung) des Unternehmens sind häufig – zumindest indirekt – beteiligt. Das Gespräch kann helfen herauszufinden, wer an dem Entscheidungsprozess Anteil hat. Wer hat welchen Einfluss und welche Interessen bezogen auf die Kaufentscheidung?

Zusätzliche Verkaufsargumente in Erfahrung bringen

Auch zu Ihrem eigenen Angebot können Sie ganz neue Verkaufsargumente von den Kunden erhalten. Wenn ein Verkaufsgespräch gut läuft, fragen Sie: „Wo sehen Sie die besonderen Vorteile unseres Angebotes?" Danach fällt der Abschluss leichter und für weitere

Kunden haben Sie möglicherweise ein Argument, an das Sie bisher noch nicht gedacht haben.

Informationen über die Konkurrenz gewinnen

Der Kunde kennt Ihre Wettbewerber und die Vor- und Nachteile der Wettbewerbsprodukte. Er weiß häufig, welche Produktentwicklungen demnächst vom Wettbewerber auf den Markt kommen sollen. Fragen Sie nach: Wie schätzt der Kunde das Wettbewerbsunternehmen ein? Wo liegen aus seiner Sicht deren Stärken und Schwächen? Aber vermitteln Sie nicht das Gefühl, dass Sie ihn nur ausforschen wollen, sondern stellen Sie immer den Bezug zu Ihrem Angebot dar. Lassen Sie den Kunden spüren, dass Sie Wert auf seine Ansichten und Erklärungen legen.

Tipp!

Eine Möglichkeit, direkt aktuelle Informationen über die Marktentwicklung und die Bedürfnisse Ihrer gewerblichen Kunden zu erhalten, ist, für wichtige Kunden Seminare, Vorträge oder regelmäßige Arbeitskreise zu veranstalten. Laden Sie hochkarätige Gastredner ein und geben Sie Ihren Kunden die Möglichkeit, Problemstellungen darzulegen. Vorteil für Sie: Sie erfahren mehr über die Kunden und können sich gleichzeitig als Problemlöser und Ansprechpartner profilieren. Die meisten haben sogar Verständnis, wenn Sie für eine interessante Veranstaltung mit ausgewählten Teilnehmern einen Kostenbeitrag erheben.

3.2.3 Tipps zum Verhalten während des Gesprächs

■ Hören Sie aufmerksam zu.

Um die Interessen und Bedürfnisse des Kunden zu erfahren, lassen Sie ihn ausreden. Unterbrechen Sie nicht immer wieder mit Verkaufsargumenten, sondern hören Sie aufmerksam zu. Ermitteln Sie mit Hilfe von Fragen die persönlichen sowie sachbezogenen Interessen, die hinter den sichtbaren Positionen stehen. Stellen Sie Fragen zu seiner Person, seiner Arbeit, seinen geschäftlichen Erfolgen. Jede Information, jeder Hinweis kann Ihnen später als Verkaufsargument dienen.

■ **Liefern Sie dem Kunden Informationen.**

Jeder Ihrer gewerblichen Kunden lebt seinerseits von Kunden. Neue und interessante Informationen über die Klientel des Kunden zu liefern, lässt Sie zum wichtigen Gesprächspartner werden und hebt Sie von Ihren Konkurrenten ab.

Häufig haben Verkäufer es auch bei Stammkunden mit wechselnden Ansprechpartnern zu tun. Nutzen Sie die Situation zu Ihren Gunsten, indem Sie Informationsdefizite Ihrer neuen Ansprechpartner ausgleichen. Fragen Sie, womit Sie helfen können. Bieten Sie dem neuen Ansprechpartner die Zusammenstellung wichtiger Informationen an. Sie erleichtern ihm so die neue Aufgabe und bauen eine neue persönliche Beziehung auf.

■ **Reagieren Sie sensibel auf die Gesprächswünsche des Kunden.**

Wägen Sie ab, ob der Kunde bereit ist, über private Themen mit Ihnen zu sprechen oder ob er dieses als Anbiederung empfindet. Manche Kunden freuen sich über private Tipps, wie zum Beispiel eine Information darüber, wann und wo eine für sie sehenswerte Kunstausstellung stattfindet. Stellen Sie sich auf ihre Interessen und Steckenpferde ein. Es ist gleich, ob es um eine Sportveranstaltung, einen Kongress, eine Messe oder ein Konzert geht. Mit Hilfe des Internets können Sie sich schnell und unkompliziert darüber informieren.

■ **Nehmen Sie den Kunden ernst.**

Wenn der Kunde sich ausschließlich auf geschäftliche Fragen konzentrieren möchte, akzeptieren Sie dies. Geben Sie ihm geschäftliche Informationen, die er benötigt und die ihm bei seiner Arbeit helfen. Wenn es um spezielle Fachthemen geht, in denen Sie nicht das Detailwissen haben, stellen Sie den Kontakt zu den entsprechenden Fachleuten (zum Beispiel Technikern und Ingenieuren) in

Ihrem Unternehmen her. Wichtig ist, dass der Kunde spürt, dass er in Ihnen einen kompetenten und zuverlässigen Ansprechpartner findet, der seine Interessen und Fragen ernst nimmt.

Tipp!

Nutzen Sie Informationen am Rande, um Ihre Kunden zu begeistern: Fragen Sie beispielsweise Ihren guten Kunden in einem Gespräch beiläufig, aber interessiert, wann und wohin er das nächste Mal in Urlaub fährt. Vermerken Sie die Information in Ihrer Kundendatenbank. Eine Woche, bevor Ihr Kunde in Urlaub fährt, bekommt er von Ihnen Post, einen kurzen Brief mit einer kleinen, aber nützlichen Aufmerksamkeit. Zum Beispiel so: „Lieber Herr Schneider, nun ist es bald so weit für Sie: Sie fahren in Urlaub nach Italien. Genießen Sie die Sonne mit der beigefügten Sonnencreme, lassen Sie es sich gut gehen und kommen Sie gut erholt wieder nach Hause ..." Ihr Kunde wird zukünftig das Gefühl haben, dass Sie ihm zuhören, wenn er etwas sagt, und vor allem, dass er Ihnen und Ihrem Unternehmen wichtig ist.

3.3 Die Kundenbefragung

Ein Baustoffwerk aus dem süddeutschen Raum wollte mehr über seine Kunden wissen und führte eine Befragung durch. Eines der Ergebnisse: Über den Kauf von Dachziegeln entscheiden beim Eigenheimbau meist die Frauen. Der Vertrieb konnte dieses Wissen nun für die Ausrichtung der weiteren Vertriebsaktivitäten nutzen.

Die Kundenbefragung ist eine systematisierte Form des persönlichen Kundengesprächs. Sie kann Ihnen helfen, die folgenden grundsätzlichen Fragen zu beantworten:

➤ Wer kauft und wer entscheidet über den Kauf?
➤ Zu welchen Segmenten gehören unsere Kunden?
➤ Was erwarten die Kunden von unseren Produkten?
➤ Welche Leistungen honorieren die Kunden?

49

- Unter welchen Voraussetzungen kauft der Kunde?
- Was motiviert die Kunden zum Kauf unserer Produkte? (z.B. Image der Produkte/Dienstleistungen, Image des Unternehmens, Qualität der Produkte/Dienstleistungen, Kaufpreis, Nachfolgekosten, Service, Fachkenntnisse des Verkäufers, Kompatibilität mit anderen Geräten, Verfügbarkeit des Produkts)
- Wie erfährt der Kunde vom Angebot?
- Welche Preise sind erzielbar?
- Welchen Nutzen bringen unsere Produkte?
- Kauft der Kunde auch bei Wettbewerbern? Wenn ja, bei welchen und warum?
- Wie können die Kunden stärker an das Unternehmen gebunden werden?
- Wie können wir uns im Vergleich zum Wettbewerb besser positionieren?
- Welche anderen Kunden wären für uns interessant und wie können wir sie gewinnen?

Kundenbefragungen können persönlich, schriftlich oder telefonisch erfolgen. In Anlehnung an die schriftliche Form hat der Kunde bei Befragungen im Internet auch die Möglichkeit, bestimmte Antworten einfach durch Anklicken auszuwählen.

Überlegen Sie sorgfältig, welchen Fragetyp Sie wählen: Denn je größer der potenzielle Informationsgewinn, desto größer ist in der Regel auch das Risiko, dass die Frage missverstanden oder nicht beantwortet wird, weil sie zu kompliziert ist. Hier die Vor- und Nachteile wichtiger Fragetypen:

Fragetyp	Beispiel	Vorteile	Nachteile
Dichotom	Probieren Sie gerne neue Produkte aus? ❏ Ja ❏ Nein	1. Leicht zu beantworten 2. Kann zum Aussieben dienen, bevor weitere Fragen gestellt werden 3. Leicht zu tabellieren 4. Ergibt definitive Antworten	1. Zwingt dazu, eine Wahl zu treffen 2. Erbringt keine detaillierten Informationen
Multiple-Choice	Welche der folgenden Packungen gefällt Ihnen? ❏ Packung A ❏ Packung B ❏ Packung C ❏ Packung D	1. Vermeidet im Allgemeinen, dass eine willkürliche Wahl aufgezwungen wird 2. Leicht zu beantworten 3. Leicht zu tabellieren	1. Die Wahlmöglichkeiten sind vielleicht nicht ganz umfassend 2. Es wird möglicherweise keine eindeutige Wahl getroffen
Präferenz	Welches dieser Produkte würden Sie den anderen vorziehen? ❏ Produkt A ❏ Produkt B ❏ Produkt C ❏ Produkt D	1. Gibt Aufschluss über Präferenzen 2. Leicht zu beantworten	1. Präferenz entspricht vielleicht nicht dem Käuferverhalten 2. Wahlmöglichkeiten können verwirrend sein
Einstufung	Geben Sie auf einer Skala von 1 bis 7, in der 1 „gefällt mir gar nicht" und 7 „gefällt mir sehr gut" bedeutet, an, wie Ihnen das neue Produkt gefällt, indem Sie die Zahl einkreisen: Gar nicht 1-2-3-4-5-6-7 sehr gut	1. Sagt viel aus über relative Bevorzugung verschiedener Produktmerkmale 2. Zwingt nicht zu einer willkürlichen Wahl 3. Liefert vielfältige Reaktionen für Vergleichszwecke	1. Abstufungen der Skala sind dem Befragten möglicherweise nicht klar 2. Abstufungen entsprechen möglicherweise nicht dem Kenntnisstand des Befragten

Fragetyp	Beispiel	Vorteile	Nachteile
Rang-ordnung	Bringen Sie die folgenden Produkte Ihrer Einschätzung entsprechend in eine Rangordnung von 1 bis 5 (1 ist am besten, 5 am schlechtesten) ❑ Produkt A ❑ Produkt B ❑ Produkt C ❑ Produkt D ❑ Produkt E	1. Ergibt wertvolle Informationen über relative Präferenzen bei Produkten bzw. Merkmalen 2. Führt zu einer definitiven Antwort 3. Führt rasch zu Informationen	1. Ist wahrscheinlich für den Verbraucher der verwirrendste Fragetyp 2. Gibt keinen Aufschluss darüber, wie gut das beste Produkt ist 3. Gibt keinen Aufschluss über die absoluten Unterschiede zwischen den Produkten
Offen	Warum kaufen Sie gerade dieses Produkt?	1. Beeinflusst die Reaktion nicht durch vorgegebene Antworten 2. Ergibt sehr vielfältige und detaillierte Informationen	1. Auswertung der Antworten erfordert Geschick 2. Schwer zu tabellieren

Quelle: Hilger Veenema, So machen Sie aus Kundenbeschwerden Aufträge, München: Verlag Norbert Müller, 1997, S. 117/118.

Wenn Ihr Unternehmen über das erforderliche Know-how im Bereich Marktforschung verfügt, können Sie eine Kundenbefragung mit eigenen Mitarbeitern konzipieren und durchführen. Dabei können allerdings folgende Fallstricke auftreten:

➤ Die Stichprobe ist nicht repräsentativ.
➤ Das Befragungskonzept ist nicht zweckmäßig.
➤ Der Fragebogen enthält zu viele Fragen, dadurch kommt es zu Ablehnung oder Abbruch der Befragung durch die Befragten.
➤ Die statistische Auswertung ist fehlerhaft.

Die mögliche Folge: Die Ergebnisse sind nicht auf Ihre Kunden übertragbar. Sie sind bruchstückhaft und führen im Extremfall zu falschen Schlüssen. Wenn Zweifel bestehen, ob die eigene Marktforschungskompetenz für die Befragung ausreichend ist, dann ist es sinnvoll, ein externes Marktforschungsunternehmen zu beauftragen (vgl. Kapitel 3.8).

Unabhängig davon, ob Sie die Kundenbefragung selbst durchführen oder auslagern – die Voraussetzung für eine erfolgreiche Befragung ist die exakte Definition des Befragungsziels. Überlegen Sie genau: Welche Informationen wollen Sie mit der Befragung erlangen? Wird das Befragungsziel nicht genau definiert, kommt es häufig zu einer zu umfangreichen Fragen-Zusammenstellung, da in dieser Situation oft versucht wird, wenn schon keine präzisen, dann zumindest möglichst viele verschiedene Informationen zusammenzutragen. Sehr umfangreiche Befragungen führen jedoch meist zu Akzeptanzproblemen. Die Befragten stellen den zeitlichen Aufwand für die Beantwortung dem Nutzen gegenüber, den sie durch die Befragung haben, und lehnen diese dann möglicherweise ab. Legen Sie auch fest, bis wann Sie die Informationen brauchen, und definieren Sie die Höhe des zur Verfügung stehenden Budgets.

Analysieren Sie die Ergebnisse Ihrer Befragungen und leiten Sie dann die entsprechenden kundenbezogenen Maßnahmen ein. Auf Grund der gewonnen Daten lassen sich auch Kunden-Profile entwickeln, die Ihnen helfen, Ihr Angebot zielgruppengenauer auszurichten.

Um die Größe Ihrer Zielgruppe zu ermitteln, können Sie auf die veröffentlichten Daten der Statistischen Institute und die Studienergebnisse verschiedener Beratungsgesellschaften und Marktforschungsinstitute zurückgreifen. Die Kontaktdaten dieser Institute finden Sie in der thematisch geordneten Zusammenstellung von Internetseiten am Ende des Buches (Kapitel 7.2.1).

Tipp!

Tipps für die Durchführung von Kundenbefragungen

Generell

➤ Erklären Sie dem Befragten den Kontext, in dem die Befragung stattfindet.

➤ Bieten Sie ein kleines Geschenk als Dankeschön.

➤ Sichern Sie Datenschutz (Anonymität, absolute Vertraulichkeit) zu.

➤ Stellen Sie den Nutzen für den Befragten heraus. Erklären Sie zum Beispiel, dass Sie seine Antworten benötigen, um Produkte und Service zu verbessern.

➤ Halten Sie den Aufwand überschaubar.

Fortsetzung Tipps für die Durchführung von Kundenbefragungen

Schriftliche Befragungen

➤ Kündigen Sie die Befragung vorher schriftlich oder telefonisch an.

➤ Sprechen Sie möglichst den Befragten persönlich mit Namen an.

➤ Sorgen Sie für eine einfache Rücksendemöglichkeit. Legen Sie zum Beispiel ein adressiertes und ausreichend frankiertes Kuvert für die Rückantwort bei.

➤ Fassen Sie nach. Die Erfahrung zeigt, dass eine schriftliche Erinnerung die Rücklaufquote um 15 bis 20 Prozent steigert.

Telefonische Befragungen

➤ Wenn Sie Interviewer einsetzen: Briefen Sie sie im Vorfeld sorgfältig. Klären Sie sie darüber auf, warum die Befragung durchgeführt wird, und geben Sie ihnen Verhaltensregeln an die Hand. Gehen Sie die einzelnen Fragen mit ihnen durch und erläutern Sie sie.

➤ Bereiten Sie einen Text vor, der zur Gesprächseröffnung verwendet werden kann und der erläutert, worum es in der Befragung geht.

➤ Sagen Sie dem Befragten zu Beginn des Gesprächs, wie lange es ungefähr dauert. Im Allgemeinen sollten telefonische Befragungen nicht länger als 20 bis 25 Minuten dauern.

Online-Befragungen

➤ Sie können während der Befragung die voraussichtliche Dauer in Form einer Fortschrittsanzeige einblenden lassen.

➤ Wenn Sie einen Usernamen und ein Passwort vergeben, können die Befragten das Ausfüllen des Fragebogens unterbrechen und zu einem späteren Zeitpunkt wieder aufnehmen.

3.4 Beschwerden und andere Verbrauchermeinungen

Verärgerte Kunden, die womöglich noch ausfallend und beleidigend werden, sind nicht beliebt. Aber sie sind eine wichtige Informationsquelle für Ihr Unternehmen. Nicht jeder Kunde konfrontiert das Unternehmen direkt mit seiner Unzufriedenheit. Viele scheuen die Auseinandersetzung und wechseln einfach zur Konkurrenz. Der Kunde, der sich beschwert, gibt Ihrem Unternehmen die Chance, Missverständnisse auszuräumen und Fehler zu beseitigen. Außerdem liefert er Ihnen direkte Informationen über Schwachstellen Ihres Produkts, Mängel im Service und bei Missverständnissen auch Informationen über eine unzureichende Kommunikation dem Kunden gegenüber. Firmen, die ein offenes Ohr für ihre Kunden haben, lernen, wie Produkte und Services beschaffen sein müssen, um den Kundenwünschen zu entsprechen. Sie lernen auch, wie interne Abläufe reorganisiert werden und welche Voraussetzungen geschaffen werden müssen, um besser auf Kundenanforderungen eingehen zu können.

Kleinere Unternehmen müssen dafür keine aufwändigen Beschwerdemanagement-Systeme einrichten. Hier kann auch ein einfaches Papier- oder PC-Formular helfen, die erforderlichen Daten zu erfassen und die Basis für eine Qualitätsverbesserung zu bilden.

Checkliste: Das sollten Sie bei jeder Kundenbeschwerde erfassen

- ☑ Datum der Beschwerde
- ☑ Wer beschwert sich? (Name und Adresse des Kunden)
- ☑ Wie kommt die Beschwerde herein? (Brief, Telefon, Fax, E-Mail, Gespräch)
- ☑ Was ist der Grund für die Beschwerde? (am besten Liste mit möglichen Gründen vorgeben, z. B. Funktionsfähigkeit des Produkts, Freundlichkeit des Personals, Wartezeiten)

Für mittlere und große Unternehmen bieten IT-gestützte Beschwerdemanagement-Systeme eine gute technische Voraussetzung. Es gibt hierfür verschiedene Systeme auf dem Markt. Wichtig ist jedoch, dass die Beschwerden konsequent erfasst und die Daten regelmäßig ausgewertet werden.

Denken Sie auch daran, dass die Kunden mit Hilfe des Internets sehr schnell prüfen können, ob es sich bei dem Fehler um eine Ausnahme handelt oder es ein grundsätzliches Problem Ihres Produkts/ Service ist. Die leider immer noch typische Antwort vieler Unternehmen auf eine Beschwerde: „Das hatten wir ja noch nie. Sie sind der Erste, der sich darüber beklagt" kann anhand der Verbraucherforen im Internet (wie zum Beispiel *www.ciao.com* und *www. dooyoo.de*) vom Kunden sehr schnell widerlegt werden. Finden sich dort viele Beiträge von anderen Kunden, die alle über das gleiche Problem bei diesem Produkt klagen, dann verliert das Unternehmen seine Glaubwürdigkeit. Wird in einem solchen Fall die Beschwerde des Kunden als Einzelfall dargestellt und ihm möglicherweise noch eine fehlerhafte Benutzung des Produktes unterstellt, dann geht der Kunde an den Wettbewerber verloren, und er wird die negativen Erfahrungen mit dem Unternehmen weiter verbreiten. Es ist davon auszugehen, dass mit zunehmender Verbreitung des Internets immer mehr Kunden auf diese Art von Seiten zugreifen und sich vor dem Kauf über Erfahrungen und über eventuelle „Macken" des Produkts informieren werden. Ab und zu einen Blick auf die aktuelle „Online-Stimmung" Ihres Produktes zu werfen, kann Sie vor unliebsamen Überraschungen schützen.

Die Mitarbeiter der Abteilung Kundenbetreuung eines deutschen Autoherstellers suchen regelmäßig im Web nach Kommentaren über die eigenen Fahrzeuge. Das Unternehmen erfährt auf diese Weise schnell, welche Probleme die Kunden mit den Fahrzeugen haben, und kann entsprechend reagieren.

Tipp!

Über unabhängige Beschwerdeplattformen im Internet können Sie auch Einblick in die Beschwerden und Beschwerdenquoten Ihrer Wettbewerber erhalten.

Möchten Sie sich darüber informieren, wie professionelle Tester Ihre und die Produkte der Wettbewerber einstufen, dann können Sie sich bei Verbraucher-Organisationen (*www.verbraucherzentrale.com*) und Test-Instituten (*www.warentest.de* und *www.oekotest.de*) informieren. Möglicherweise finden Sie dort neue Verkaufsargumente und können sich auf aktuelle Kundeneinwände vorbereiten. Auf den Webseiten der Verbraucherzentralen und der professionellen Test-Organisationen sind die veröffentlichten Testergebnisse und Hinweise zu Produktgruppen und Dienstleistungen abrufbar.

3.5 Messen

Messen sind die ideale Plattform für ein Unternehmen, sich Informationen jeglicher Art zu besorgen. Sie können dort das Verhalten Ihrer Wettbewerber und Kunden direkt beobachten, neue Markttrends entdecken, Stärken und Schwächen der Produkte und Leistungen Ihres Unternehmens analysieren.

Der direkte Kontakt mit Kunden und Interessierten während der Messe liefert neue Informationen, die für den Vertrieb sinnvoll sind, aber auch persönliche Gespräche mit den Vertretern von Verbänden, Handelskammern und Behörden, die anwesend sind, können wertvolle Hinweise auf Änderungen der Rahmenbedingungen geben. Fachleute, Importeure, Exporteure, Einkäufer und Entscheider liefern Ihnen die aktuellen Informationen über die Marktsituation. Generell stehen Ihnen folgende Instrumente für die Informationsbeschaffung auf Messen zur Verfügung:

- Auswertung des Messekatalogs
- Generelle Besucherbefragungen
- Standbesucherbefragungen
- Standpersonalbefragungen
- Wettbewerbsbeobachtungen
- Messeberichte Ihres Messeteams
- Besuch von Informationsveranstaltungen des Rahmenprogramms

Informationsgewinnung am Stand

Verwertbare Daten, die vom Standpersonal während der Messe direkt erfasst werden können, sind insbesondere:

- Zahl der Besucher am Stand
- Branchenzugehörigkeit der Standbesucher
- Preis- und Qualitätsvorstellungen von Kunden und Lieferanten
- geforderte Konditionen- und Lieferbedingungen
- Art des gewünschten Informationsmaterials
- Anzahl und Umfang der verlangten Angebote
- Hauptinteresse der Besucher
- Anregungen von Besuchern

Um eine vollständige und zügige Erhebung der Daten zu ermöglichen, sollten Sie den Standmitarbeitern einen entsprechenden Erfassungsbogen zur Verfügung stellen. An der Erstellung der Formulare sollten neben den Auftraggebern der zu erhebenden Informationen auch diejenigen teilnehmen, die am Messestand mit den Formularen die Daten erheben werden. Bei der Erstellung eines standardisierten Besucherfragebogens ist es sinnvoll, sich an den klassischen „W"-Fragen zu orientieren: Wer ist der Besucher? Woher (von welcher Firma) kommt er? Wofür interessiert sich der Besucher? Ein Muster für einen Besucherfragebogen finden Sie hier:

Messekontakt – *(xyz-Messe)*
– Muster –

Mitarbeiter: _____ Abteilung: _____ Datum: _____

Gesprächspartner
Firma: _____

Name, Vorname: _____

Funktion: _____

Bereich: Einkauf ❑ Vertrieb ❑ Produktion ❑ Sonstiges: _____

Anschrift: _____

Status: Kunde ❑ Neukunde ❑ Interessent ❑ Presse ❑
       Wettbewerber ❑

Gesprächsinhalt: _____
_____

Interesse an Produkt xx ❑ xy ❑ xz ❑ Sonstiges ❑

Arbeit bisher mit Produkt/Leistung: _____

Erfahrung: _____

Ergebnis:
Angebot erbeten: ❑   Anzahl/Volumen: _____
Beratungstermin erbeten: ❑
Angebot unterbreitet: ❑   Auftrag erhalten: ❑

Welche Unterlagen wurden übergeben?
Firmenpräsentation: ❑ Katalog: ❑ Preislisten: ❑ Sonstiges: _____

Welche Unterlagen sollen zugeschickt werden?
Firmenpräsentation: ❑ Katalog: ❑ Preislisten: ❑ Sonstiges: _____

Welche Aktionen wurden vereinbart? _____
_____

Beste Kontaktzeit: _____

Bevor Sie einem Besucher Ihr Produkt detailliert vorstellen, sollten
Sie zunächst seinen Bedarf ermitteln. Nutzen Sie dazu die vorberei-
teten Formulare. Das erleichtert die anschließende Nachbearbeitung. Achten Sie darauf, dass die Befragung des Messebesuchers
nicht in ein Verhör ausartet. Beginnen Sie das Gespräch nicht gleich
mit Fragen und Notizen, sondern lassen Sie eine kurze „Aufwärm-

phase" zu. Dinge, die auf der Visitenkarten stehen bzw. in der Aufwärmphase erwähnt werden, brauchen Sie nicht noch einmal zu erfragen, sondern können diese nach dem Gespräch auf dem Report vermerken. Ermitteln Sie, welche Funktion der Besucher in seinem Unternehmen hat und wer die Entscheider sind. Für welches Problem sucht der Besucher eine Lösung und welche Produkteigenschaften sind ihm besonders wichtig?

Informationsgewinnung an anderen Ständen

Trotz großer Anforderungen, die während einer Messebeteiligung an die Vertriebsmitarbeiter gestellt werden, ist der Blick über den eigenen Messestand hinaus wichtig. Die Angebote von Mitbewerbern sollten genau unter die Lupe genommen werden. Nutzen Sie die Gelegenheit, um zu beobachten: Wie groß ist der Messestand? Wie sieht er aus? Wie engagiert ist das Standpersonal? Werden neue Produkte angekündigt? Gibt es im Rahmenprogramm Vorträge oder Vorführungen von Wettbewerbern? Natürlich können Sie auch von der Präsentation anderer Aussteller profitieren im Hinblick auf:

➤ Verkaufsideen,
➤ Werbemethoden,
➤ Vertriebssysteme,
➤ Serviceleistungen,
➤ Kundenpflege,
➤ Verpackungsideen oder
➤ Produktgestaltung.

Sammeln Sie Geschäftsberichte, Prospekte, Kataloge und Preislisten von Kunden- und Wettbewerbsunternehmen – nirgendwo bekommen Sie alles so kompakt wie auf einer Messe. Diese Unterlagen sind eine Quelle, um sich über Schwerpunkte und die angestrebte Ausrichtung der Firmen zu informieren.

Wichtig ist, dass Sie die gewonnenen Informationen und Eindrücke sofort schriftlich fixieren, damit sie nach Ende der Messe ausgewertet werden können.

Zahlreiche Unternehmen nutzen Messen, um auf begleitenden Pressekonferenzen über Neuheiten in ihrem Produkt- und Leistungsspektrum zu informieren. Wenn auf einer Fachmesse im Auto-Servicebereich beispielsweise bekannt gegeben wird, dass ein Unternehmen mit einer starken Marke als Zulieferer ab sofort seine Kompetenz auch gegenüber dem Endkunden im Bereich Wartung und Reparatur der Fahrzeuge stärker hervorheben und die Anzahl seiner Partnerbetriebe deutlich erhöhen will, dann ist das eine wichtige Information für Sie, wenn Sie in diesem Bereich aktiv sind. Durch Gespräche mit Branchenkennern und Kunden können Sie sich noch während der Messe darüber informieren, welche Auswirkungen diese auf Grund der gerade bekannt gewordenen Planungen in Ihrem Geschäftsgebiet erwarten.

Wenn ein eigener Stand auf bestimmten Messen aus Kosten- oder anderen Gründen nicht angebracht sein sollte, bietet auch die Teilnahme als „Nur"-Besucher von branchenrelevanten Fach- und Publikumsmessen dem Vertriebsmitarbeiter aktuelle Markt- und Kundeninformationen. Falls auch dies nicht möglich ist, sollten Sie sich zumindest den Messekatalog zusenden lassen, um sich damit einen Überblick über das aktuelle Angebot verschaffen zu können.

Tipp!

Wenn Sie in einem relativ engen Marktsegment tätig sind, aber noch nicht genau wissen, wer international zu Ihren Wettbewerbern gehört, kann ein Blick in Messekataloge helfen. Unter *www.auma-messen.de* lassen sich Fachmessen weltweit recherchieren. Bei den jeweiligen Veranstaltern können Sie Messekataloge anfordern und überprüfen, welche Firmen in Ihrem Marktsegment dort vertreten sind.

Auswertung der Messe

Häufig ist nach einer Messe die Erschöpfung der Beteiligten groß, und die Nachbearbeitung und Auswertung unterbleibt. Die Analyse des Messeerfolgs ist jedoch die Grundlage dafür, dass Sie die entstandenen Geschäftskontakte ausbauen und die gewonnenen

Kenntnisse über Wettbewerber, Branche und Kundenwünsche für die Weiterentwicklung Ihres eigenen Vertriebs nutzen können.

Die Besucherfragebögen sind auszuwerten und können systematisch für die Direktansprache der Interessenten genutzt werden. Ergänzen Sie Ihre bereits vorhandene Kundendatei mit den gewonnenen Informationen über Stamm- und Neukunden. Versenden Sie kurz nach der Messe Dankschreiben an wichtige Besucher, in denen Sie sich auf die während der Messe stattgefundenen Kommunikation beziehen, und führen Sie Nachfasstelefonate zur weiteren Terminabsprache.

Aber auch an Nicht-Messebesucher sollten Sie denken. Eine kurze Zusammenfassung Ihres Messeangebots in einem Brief, möglicherweise mit der Offerte eines individuellen Informationsgesprächs, bietet den Anlass für eine erneute Kontaktaufnahme zum (potenziellen) Kunden.

3.6 Unternehmensinformationen

Viele Informationen liefern Ihnen (Kunden- und Wettbewerbs-) Unternehmen selbst: Sei es in gedruckter Form als Werbeunterlagen, Verkaufsunterlagen, Geschäftsberichte, Kundenzeitungen, Prospekte, Preislisten oder Produktinformationen. Oder sei es im Internet auf den unternehmenseigenen Webseiten.

Im Netz präsentieren Unternehmen ihre Firma, ihre Produkte und Dienstleistungen und versuchen auch häufig, durch zusätzliche interessante Informationen oder interaktive Angebote die Besucher zu sich zu locken. Dies tun vermutlich auch Ihre gewerblichen Kunden, potenziellen Neukunden, Mitbewerber und auch Ihr eigenes Unternehmen.

Sie finden auf diesen Seiten Informationen, die der allgemeinen Öffentlichkeit zugänglich gemacht werden sollen. Es kommt vor – manchmal aus rechtlichen Gründen –, dass, bevor die eigenen Mitarbeiter des Unternehmens davon in Kenntnis gesetzt werden, bestimmte Informationen schon in der Pressemitteilung auf der

Homepage der Firma zu finden sind. Daher lohnt es sich meist, auch einen Blick hinter den Link „Presse" zu werfen.

Zumindest bei größeren Unternehmen finden Sie fast immer folgende Informationen auf der **Firmen-Homepage**:

1. Unternehmensdaten

Abrufbar sind u.a. Informationen über die Kerngeschäftsbereiche, das Management (oft mit Vita der Führungskräfte), Konzernstrukturen, Beteiligungen, Standortbeschreibungen, geschichtliche Entwicklung, Herstellprogramm und Produktpalette, die Fertigung und Produktionseinrichtungen, Vertriebsorganisation, Kundendienst und Unternehmensorganisation.

2. Zahlen-Informationen

Unter den Zahlen-Informationen finden sich Umsatzzahlen, teilweise auch ganze Geschäftsberichte mit Gegenüberstellungen der Daten aus vergangenen Jahren.

Großunternehmen stellen die Daten meist am Tag der Bilanzpressekonferenz ins Internet, so dass man dort schneller als über die Tagespresse auf die Daten zugreifen kann.

Mittelständische Unternehmen sind bislang mit der Veröffentlichung von Zahleninformationen eher zurückhaltend. Trotzdem hat sich die Situation, Informationen über klein- und mittelständische Unternehmen zu erhalten, durch das Internet deutlich verbessert.

3. Produktinformationen

Viele Unternehmen informieren auf ihren Internetseiten ausführlich über ihre Produktpalette und das Leistungsangebot. Diese Informationen können Sie besonders intensiv für Konkurrenzanalysen nutzen. Handelt es sich um die Seite eines potenziellen Kunden, dann helfen Ihnen die Informationen über sein Produktionsprogramm, seine möglichen Bedürfnisse zu identifizieren.

4. Stellenanzeigen

Stellenanzeigen sind nicht nur wertvoll, wenn es um die eigene Stellensuche geht. Sie können ebenfalls zur Konkurrenzanalyse dienen.

So kann die Feststellung, dass ein Unternehmen Ingenieure einer bestimmten Fachrichtung sucht, ein Indiz dafür sein, dass in diesem Fachbereich verstärkte Forschung- und Entwicklungsarbeiten geplant sind. Die Suche nach mehreren Controllern kann zum Beispiel darauf hindeuten, dass das Unternehmen umstrukturiert oder für einen späteren Verkauf fit gemacht werden soll.

5. Image
Waren die ersten Internetauftritte in einem eher technischen Layout gestaltet, sind sie inzwischen eng an die Corporate Identity der Firmen gebunden. So kann man sich anhand der grafischen und inhaltlichen Gestaltung der Websites über das angestrebte Image und die Werbekampagnen der Firmen informieren.

3.7 Statistische Ämter, Behörden, Verbände und sonstige Institutionen

Bundesministerien

Informationen über die allgemeine wirtschaftliche Entwicklung und die Entwicklung in bestimmten Branchen sowie weiterführende Links finden Sie auf den Seiten des Bundesministeriums für Wirtschaft und Arbeit *(www.bmwa.bund.de)*. In der Förderdatenbank können Sie sich einen Überblick über die Förderprogramme des Bundes, der Länder und der Europäischen Union verschaffen. Den Zugang zu Behörden und Institutionen auf Bundes- und Länderebene erhalten Sie über das Portal *www.bund.de*.

Statistische Ämter

Allgemeine Basisdaten, Wirtschaftsindikatoren aber auch spezielle Statistiken, die Sie für eine Marktrecherche benötigen, können Sie bei den Statistischen Ämtern der jeweiligen Länder in Erfahrung bringen. Für Deutschland liefern neben dem Statistischen Bundesamt *(www.destatis.de)* die Landesämter für Statistik und Datenverarbeitung detaillierte Informationen. Im Statistik-Shop des Statistischen Bundesamtes können Sie kostenpflichtig ausgewählte aktuelle Veröffentlichungen, wie Bücher, Fachserien und CD-ROMs bestellen und Dateien mit neuesten statistischen Ergebnissen herunterladen. Allgemeine Basisdaten und Wirtschaftsindikatoren können direkt mit zugehörigen Grafiken vom Statischen Bundesamt und den Statistischen Ämtern der Länder über das Internet abgerufen werden *(www.destatis.de)*.

Wenn Sie ermitteln wollen, wie es generell um die Kaufkraft in einem größeren Absatzgebiet bestellt ist, helfen Ihnen amtliche Statistiken. Die Steuerstatistik für Land oder Kommune gibt Auskunft über das Einkommensgefälle. Alle statistischen Ämter liefern Angaben über den jeweiligen Bevölkerungstrend: Alter, Geschlecht, Familienstand und dergleichen. Und Statistiken von Verbänden und Kammern vermitteln Strukturdaten über die wirtschaftliche Entwicklung.

Benötigen Sie für die Planung Ihrer Vertriebsaktivitäten Zahlen über die Neuzulassungen von PKW aufgeschlüsselt nach Hersteller, so liefern die Monatsberichte des Kraftfahrt-Bundesamtes *(www. kba.de)* dazu ausführliche Informationen.

Verbände

Die Informationen der Verbände sind besonders interessant, wenn Sie sich über allgemeine Entwicklungen und Trends in Ihrer Branche oder der Branche Ihrer Kunden informieren möchten. Vom Bundesverband der Industrie (BDI) *(www.bdi-online.de)* in Köln erhalten Sie nähere Informationen zu den einzelnen Industriefachverbänden, wie zum Beispiel:

➤ Verband der Chemischen Industrie (VCI)
  (www.chemische-industrie.de)
➤ Verband der Automobilindustrie (VDA) *(www.vda.de)*
➤ Verband der Investitionsgüterindustrie (VDMA)
  (www.vdma.de)

Wichtige Branchenverbände im Bereich Handel sind:
- Bundesverband des Deutschen Groß- und Außenhandels e.V. (BGA) *(www.bga.de)*
- Hauptgemeinschaft des Deutschen Einzelhandels (HDE) *(www.hde.de)*
- Bundesverband des Deutschen Versandhandels (BVH) *(www.versandhandel.org)*

Im Bereich Banken und Sparkassen sind zu nennen:
- Bundesverband deutscher Banken e.V. *(www.bankenverband.de)*
- Deutscher Sparkassen- und Giroverband e.V. *(www.dsgv.de)*
- Bundesverband der Deutschen Volksbanken und Raiffeisenbanken e.V. (BVR) *(www.bvr.de)*

War es früher mühsam, von Verbänden Informationen zu erhalten, so bieten sie seit einiger Zeit eine Vielzahl von Daten und Statistiken kostenlos auf ihren Homepages an. Als Einstieg in die Recherche bietet sich die Website des Verbändeforums *(www.verbaende forum.de)* an, die einen Überblick über die zahlreichen Verbände in Deutschland gibt. Hier können Sie auch nach konkreten Branchen suchen.

Kreditinstitute und ihre Verbände bieten häufig neben allgemeinen Wirtschafts- und Konjunkturdaten auch spezielle Brancheninformationen, die für eine Konkurrenzanalyse nützlich sind, kostenlos auf ihren Websites an. Für den Vertrieb im Ausland sind hier auch Außenhandels-Informationen recherchierbar.

Die Handwerkskammern, der Deutsche Industrie- und Handelstag (DIHT) *(www.diht.de)* und die regionalen Industrie- und Handelskammern (IHK) bieten neben brancheninternen Betriebsvergleichen auch branchenübergreifende Informationen an.

Branchenportale

Neben Verbraucher-Meinungsportalen sind Branchenportale besonders interessant, wenn Sie sich mit direkten Wettbewerbern vergleichen möchten, die mit gleichen oder ähnlichen Produkten und Leistungen auf dem Markt sind. Die Branchenpräsenzen können auch wertvolle Informationen über die Branchenentwicklung der Kunden geben. Häufig werden diese Portale von Verbänden organisiert.

Patent- und Markenämter

Die Bedeutung von Marken für ein erfolgreiches Marketing hat sich in den letzten Jahren massiv verstärkt. Und Marken sind nicht nur etwas für die großen Player – auch für kleine und mittelständische Unternehmen bietet der gezielte Markenaufbau erhebliche Chancen im Wettbewerb. Zum Markenaufbau gehört ein durchdachtes Konzept sowie die Anmeldung Ihrer Marke. Informieren Sie sich über das Vorgehen auf der Homepage des Deutschen Patent- und Markenamtes *(www.dpma.de)* oder in einem der Patentinformationszentren. Vor dem Erwerb der eigenen Marke ist sicherzustellen, dass Sie auch wirklich der Erste waren, der die gute Idee hatte, gerade diese Kennzeichnung zum Markenschutz anzumelden. Das Deutsche Patent- und Markenamt bietet die kostenfreie Möglichkeit, in seiner Markenrolle zu recherchieren. Unter *http://depatis net.dpma.de* können Sie außerdem Online-Recherchen zu Patentveröffentlichungen aus aller Welt, die sich im Datenbestand des amtsinternen deutschen Patentinformationssystems DEPATIS befinden, durchführen. Nutzer können sich nach einer Recherche aus der erhaltenen Trefferliste die bibliographischen Daten (Titel, Anmelder, Erfinder ...) eines gefundenen Dokuments anzeigen lassen. Hier lässt sich beispielsweise herausfinden, welche Patente Ihre Wettbewerber angemeldet haben.

Informationsportal für Außenwirtschaft

In Deutschland befassen sich über 300 Organisationen mit der Förderung von Auslandsgeschäften. Darunter befinden sich Ministerien von Bund und Ländern, Fachverbände, Kammern, Vereine, Finanzierungsinstitutionen und einige mehr. Hinzu kommen noch private Anbieter wie etwa Finanzdienstleister, die im Zuge ihrer Serviceaufgaben unterstützende Maßnahmen für Auslandsgeschäfte bieten.

Im Portal iXPOS (*www.ixpos.de*) präsentieren sich die wichtigsten Akteure der deutschen Außenwirtschaftsförderung. Neben dem BMWA, dem Auswärtigen Amt und weiteren Bundesministerien, den Wirtschaftsministerien und Förderungsgesellschaften der Bundesländer, der Bundesagentur für Außenwirtschaft (bfai), Spitzenverbänden der deutschen Wirtschaft, dem Kammernetz und Ländervereinen beteiligen sich auch Organisationen, die für den Bund konkrete Unterstützungsmaßnahmen abwickeln wie beispielsweise im Bereich der Exportfinanzierung. Alle Mitglieder stellen ihre Aktivitäten im Bereich Außenwirtschaftsförderung mit entsprechenden Verlinkungen auf die jeweils relevanten Seiten ihrer Internetangebote vor.

3.8 Marktforschungsinstitute, Universitäten und Fachhochschulen

Internationale Beratungsgesellschaften wie BBE Unternehmensberatung *(www.bbeberatung.com)*, Boston Consulting Group *(www.bcg.de)*, Frost & Sullivan *(www.frost.com)*, Kienbaum Management Consultants *(www.kienbaum.de)*, Roland Berger *(www.rb-marketresearch.com)* und **Marktforschungsinstitute** wie zum Beispiel A.C. Nielsen *(www.acnielsen.de)*, TNS EMNID *(www.tns-emnid.de)*, GfK *(www.gfk.de)* und Prognos AG *(www.prognos-mediareports.com)* veröffentlichen auch zu vertriebsrelevanten Themen regelmäßig aktuelle Studien. Die Dienstleistungen und Produkte der GfK Regionalforschung *(www.gfk-regionalforschung.de)* helfen Ihnen, Ihre Analysen regional zu verfeinern. Die GfK-Kaufkraftkarten geben beispielsweise Aufschluss über die Kaufkrafthöhe, aufgeschlüsselt nach Landkreisen, Stadtkreisen und Ballungsgebieten. Verlage, Media-Agenturen, aber auch Unternehmen der Markenartikel-Industrie und des Handels arbeiten häufig mit Karten, die die so genannten ACNielsen-Gebiete ausweisen. A.C. Nielsen hat die Bundesrepublik dazu in sieben, in etwa gleichgewichtige Regionen unterteilt. Die Einteilung in Nielsen-Gebiete erweist sich in vielen Fällen als bessere regionale Aufgliederung der

Bundesrepublik in zusammengefasste Wirtschaftsräume als die Gliederung nach einzelnen Bundesländern.

Institute an Universitäten und Fachhochschulen veröffentlichen Studien und Untersuchungen, die für Ihre Vertriebsaktivitäten interessant sein können (z.B. *www.imu-mannheim.de* und *www. uni-kiel.de/ifw/*). Absolventen bieten ihre Diplom- und Magisterarbeiten an *(www.diplom.de)*. Benötigen Sie spezielle Informationen über einen Bereich, in dem noch keine Untersuchungen vorliegen, können Sie auch Kontakt mit einzelnen Professoren aufnehmen und gemeinsam die Vergabe einer Diplomarbeit in Betracht ziehen.

Wenn Sie bei der Planung der Vertriebsrecherche feststellen, dass Sie nur wenige der nötigen Informationen auf relativ einfache Weise mit eigenen Mitteln beschaffen können und Ihre Fragestellung anspruchsvolle Erhebungsmöglichkeiten erfordert, können Sie auch ein Marktforschungsinstitut mit der Abwicklung zum Beispiel von Kundenbefragungen, Wettbewerbs- oder Imageanalysen beauftragen. Die Auslagerung der Untersuchung kann auch aus Gründen der Objektivität vorteilhaft sein, um so bewusste und unbewusste Einflussnahmen auf das Ergebnis zu verringern.

Gegenwärtig sind in Deutschland mehr als 500 Unternehmen und Institutionen in der Marktforschung tätig. Neben den oben genannten großen Instituten gibt es eine überschaubare Zahl mittlerer Unternehmen sowie viele kleine, teilweise Einpersonen-Institute.

Eine Übersicht von Marktforschungsinstituten finden Sie auf den Internetseiten der Verbände unter *www.adm-ev.de* und *www.bvm.org,* auf europäischer Ebene unter *www.esomar.org.* Eine Hilfe dabei, Marktforschungsinstitute zu finden, die auf Ihre Fragestellung spezialisiert sind, bieten Fachzeitschriften Ihrer Branche. Häufig wird dort über brancheninterne Studien und Untersuchungen berichtet. Die dort angegebenen Institute verfügen bereits über spezielle Kenntnisse in Ihrer Branche.

Eine Orientierung bei der Auswahl kann die Verpflichtung des Instituts sein, die „Standards zur Qualitätssicherung in der Markt- und Sozialforschung" einzuhalten, wie sie vom Arbeitskreis Deutscher Markt- und Sozialforschungsinstitute e.V., der Arbeitsgemeinschaft sozialwissenschaftlicher Institute e.V. und dem Berufsverband Deutscher Markt- und Sozialforscher e.V. vereinbart wurden. Unter der Webadresse *www.adm-ev.de* können Sie dieses Standards abrufen.

Checkliste: Zusammenarbeit mit Marktforschungsinstituten

Prüfen Sie vor der Auswahl:

- ☑ Wie lange besteht das Institut? An welchem Standort?
- ☑ Welche Erfahrungen kann es (speziell in Ihrer Branche) nachweisen? Gibt es eine Spezialisierung?
- ☑ Über welche Kapazitäten verfügt das Institut?
- ☑ Liegen Referenzen vor? Haben Kollegen von Ihnen bereits mit dem Institut gearbeitet?
- ☑ Wie ist das Image bezüglich Qualität, Termintreue, Kostenbewusstsein, Know-how?
- ☑ Welche fachlichen und sozialen Kompetenzen haben die eingesetzten Mitarbeiter?
- ☑ Ist das Institut Mitglied eines Marktforschungsverbands?

Geben Sie ausgewählten Instituten ein Briefing:

- ☑ Informieren Sie die Forscher über Ihr Unternehmen und die erforderlichen Entscheidungen. Erklären Sie deren Bedeutung und Ihre Informationsbedürfnisse.
- ☑ Beschreiben Sie Ihre Informationsbedürfnisse ausführlich, inklusive aller Beschränkungen und Parameter. Wie groß, also wie genau, muss zum Beispiel die Stichprobe sein? Auch die geographische Ausdehnung sowie Beschränkungen bei Zeit, Kosten oder Validität müssen klar definiert sein.
- ☑ Stellen Sie den Forschern interne und externe Informationsquellen zur Verfügung, die hilfreich sein können.

Prüfen Sie, wenn das Angebot vorliegt:

- ☑ Entspricht es den Vorgaben aus Ihrem Briefing?
- ☑ Wird es termingerecht eingereicht?
- ☑ Ist Ihr Marketing- oder Vertriebsproblem verstanden worden?

Fortsetzung Checkliste: Zusammenarbeit mit Marktforschungsinstituten

- ☑ Eignen sich die vorgeschlagenen Methoden für den Untersuchungsgegenstand?
- ☑ Was erfahren Sie über Auswahl und Qualität der einzusetzenden Interviewer?
- ☑ Welche Kontrollmöglichkeiten haben Sie als Auftraggeber?
- ☑ Welche Vorkehrungen zur Qualitätssicherung werden getroffen?
- ☑ Wie ist das Preis-Leistungs-Verhältnis?
- ☑ In welcher Form und wie detailliert werden die Daten ausgewertet?
- ☑ Wie ist der Zeitplan?
- ☑ Wann erhalten Sie einen Bericht?
- ☑ Wie werden Sie hinsichtlich der Interpretation der Ergebnisse beraten?

3.9 Medien

Aktuelle Schlagzeilen und Nachrichten über Ihre Kunden oder Konkurrenten können Sie in Tageszeitungen, der allgemeinen Wirtschaftspresse, Fachzeitschriften und Nachrichtenmagazinen finden *(www.archivderpresse.de)*. Viele Zeitungen und Zeitschriften ermöglichen eine kostenlose Suche in ihren Online-Ausgaben. Artikel aus den jeweiligen Druckausgaben zu erhalten, ist jedoch meist nur in beschränktem Umfang möglich. Um die Aufwendungen für die Archivierung und Pflege der Archive zu kompensieren, sind viele der Pressearchive im Angebot von kommerziellen Datenbankanbietern. Über die Nutzung von kostenpflichtigen Datenbanken erfahren Sie mehr in Kapitel 3.12.1.

In einem Nachrichtenmagazin war ein fünfseitiger Bericht über die Photokina zu finden. Die Verbraucher wurden detailliert über Neuigkeiten und Trends auf der Fachmesse der Fotoindustrie informiert. Für die Entwicklung von Digitalbildern wurde ein Preisvergleich der verschiedenen Anbieter abgedruckt.

Für den Verkäufer kann die Berichterstattung über Messeneuheiten in Publikumsmedien bedeuten, dass eine Anzahl von Kunden auf Grund dieser Berichte bereits mit genauen Informationen in das Verkaufsgespräch kommt und auch schon bestimmte Raster im Kopf hat, wie die Produkte preis- und qualitätsmäßig einzustufen sind. Deshalb ist es für ihn wichtig, über solche Veröffentlichungen informiert zu sein.

Bei der Fülle der Medienangebote ist es nicht möglich, alles zu lesen oder zu erfassen. Sinnvoll ist daher die thematische Verteilung auf verschiedene Personen. Pressespiegel sind ein gutes Instrument, um alle Mitarbeiter, die mit den entsprechenden Kunden zu tun haben, auf dem Laufenden zu halten und über aktuelle Aktivitäten der Wettbewerber zu informieren. Tagesaktuelle Presseinformationen über Ihre Kunden, die Wettbewerber und Branchenentwicklung werden auch von externen Dienstleistern (z.B. *www.pressemonitor.de* und *www.ausschnitt.de*) angeboten. Sie können dort Ihrem Informationsbedarf entsprechende Presseclippings bestellen.

Einschlägige Fachzeitschriften berichten nicht nur über aktuelle Entwicklungstrends in der Produktentwicklung. Dort lassen sich auch weitere Informationen über Wettbewerber finden *(www.fachzeitschriften-portal.de)*. Interessant sind auch die Fachzeitschriften Ihrer gewerblichen Kunden. Achten Sie darauf, über welche Probleme und Trends dort berichtet wird.

Einige Medien bieten auch spezielle Branchenreports und Marktanalysen (siehe beispielsweise die FOCUS-Marktanalysen unter *www.medialine.de*). Gruner+Jahr bietet mit G+J-Branchenbilder (BB) und G+J-Märkte+Tendenzen (MT) einen Überblick über die wichtigsten Konsumgüter- und Dienstleistungsbranchen (*www.gujmedia.de*).

Über aktuelle Neuerscheinungen der Fachverlage können Sie sich auf deren Seiten informieren (z.B. *www.gabler.de, www.redlinewirtschaft.de, www.gabal-verlag.de* oder *www.schaeffer-poeschel.de*). Hier können Sie meist auch Newsletter zu bestimmten Themengebieten abonnieren. Zusammenfassungen von Wirtschaftsbüchern bietet der Dienst *www.getabstract.com* an.

3.10 Adress-Verzeichnisse und Wirtschaftsauskunfteien

Adress-Verzeichnisse

Informationen, die Sie bereits über Ihre Kunden gesammelt haben, können mit Adressen aus Handelsregistern und Telefonverzeichnissen angereichert werden, um eine noch genauere Beschreibung der Zielgruppe zu erreichen.

Ein Jungunternehmer, der sich mit einer kunststoffverarbeitenden Firma selbstständig machte, suchte sich anhand des Branchenbuches die Telefonnummern von Firmen aus den Bereichen Mess- und Steuerungstechnik, Mikroelektronik, Chemie und Medizintechnik heraus. Er rief jeden der potenziellen Kunden an, stellte seine neue Firma vor und offerierte seine Leistungen. Ergebnis: Die Unternehmen schickten ihm technische Zeichnungen von Kunststoffteilen und probierten sein günstiges Angebot aus.

Nicht nur für die Neukundenakquisition bietet sich der schnelle Zugriff auf Adress- und Telefon-Auskunftsdaten im Internet an. Die Online-Ausgaben der Telefonbücher sind aktueller als die Druckausgaben. Ob Telefonbuch oder Branchenverzeichnisse, alle diese Internetseiten ermöglichen das schnelle und zielgerichtete Durchsuchen der jeweiligen Datenbanken (z.B. *www.teleauskunft.de, www.branchenbuch.de*). Sie finden auf diesen Seiten Kontaktdaten, wie Anschrift, Telefon- und Telefaxnummern von Privatpersonen und Firmen.

Auf Branchendaten spezialisierte Anbieter stellen Kurzprofile von Unternehmen (mit Adress- und Kontaktdaten und teilweise auch mit Namen der Geschäftsführer) kostenlos im Internet zur Verfügung (z.B. *www.firmendatenbank.de* oder *www.wlw.de*).

Wirtschaftsauskunfteien

Gerade bei Neukunden sind Informationen zur Bonität wichtig. Hier bietet sich, neben der Einholung einer Bankauskunft, auch die

Nutzung der Dienste von Wirtschaftsauskunfteien wie zum Beispiel Bürgel *(www.buergel.de)*, Creditreform *(www.creditreform. de)*, Dun & Bradstreet *(http://dbgermany.dnb.com)* oder Schufa *(www. schufa.de)* an.

3.11 Das Internet

In den vorangegangenen Kapiteln waren jeweils bei den genannten Firmen und Institutionen die Internetadressen vermerkt. Im Kapitel 7 dieses Buches finden Sie außerdem eine thematisch geordnete Liste mit Webadressen für die Vertriebsarbeit, die Ihnen als Ausgangspunkt für Ihren persönlichen Informationsbedarf dienen kann. Wie Sie darüber hinaus selbst schnell und effizient im Internet Informationen finden, erfahren Sie im Folgenden.

3.11.1 Die Vorbereitung der Internetrecherche

■ **Planen Sie Ihre Internetrecherche.**

Es ist ratsam, dass Sie sich, bevor Sie online gehen, Gedanken über die Suche machen. Das spart Online-Gebühren. Vielleicht haben Sie auch schon die Erfahrung gemacht, dass im Internet die Versuchung groß ist, sich vom eigentlichen Thema abbringen zu lassen. Grundsätzlich gilt für die Internetnutzung: Lassen Sie sich von den bunten, lebhaften Werbebannern auf den Websites nicht ärgern oder ablenken.

Versteifen Sie sich nicht auf das Internet als das einzige Suchinstrument, sondern überlegen Sie immer, welches für die aktuelle Fragestellung das geeignete Instrument ist.

Stellen Sie sich vor Ihrer Informationssuche folgende Fragen:

Checkliste – Vorüberlegungen zur Internetrecherche

- ☑ Was wollen Sie wissen?
- ☑ Woher könnten Sie die gesuchte Information am schnellsten und günstigsten bekommen (z.B. Institutionen)?
- ☑ Wer könnte über dieses Thema Bescheid wissen? Fällt Ihnen jemand ein, dann rufen Sie einfach an. Falls die erhaltenen Informationen nicht ausreichen, helfen Ihnen vielleicht ein paar Stichworte aus dem Gespräch bei der weiteren Suche im Internet.
- ☑ Könnte es interessante Presseartikel zu diesem Thema geben?

■ **Bedenken Sie, dass das Internet ein sehr dynamisches und für alle offenes Medium ist.**

Jeder, der über die technischen Möglichkeiten verfügt, kann Informationen im Netz der Netze veröffentlichen. Es gibt keine zentrale Kontrollinstanz, die über die Publikation der Daten entscheidet.

Denken Sie immer daran, dass alle, die etwas im Internet veröffentlichen, die Daten auch jederzeit wieder löschen können. Wenn Sie auf die gefundenen Informationen später noch einmal zugreifen möchten, sollten Sie sich überlegen, wie wahrscheinlich es ist, dass sich diese Nachricht auch zu einem späteren Zeitpunkt noch im Netz befindet. Wenn Sie sich nicht sicher sind und die Information wichtig ist, sollten Sie sie speichern.

Im Gegensatz zu den betreuten Datenbanken und Bibliotheken fehlt im Internet eine allgemeine Klassifikation der Informationen. Es ist, bevor Sie eine Seite anklicken, häufig nicht auf Anhieb ersichtlich, um welche Art der Darstellung es sich auf dieser Seite handelt. Finden Sie dort einen wissenschaftlichen Text, eine Werbebotschaft, einen Zeitungsartikel oder eine private Meinung? Hintergrundwissen über die technische Struktur von Internetadressen (vgl. Kapitel 3.11.2) hilft Ihnen, die Aussagekraft verschiedener Webadressen schon vorab beurteilen zu können.

■ **Verwenden Sie die Internet-Informationen nicht unge-
prüft.**

Jeder, der im Internet Informationen veröffentlicht, ist selbst für deren Wahrheitsgehalt und Aktualität verantwortlich. Machen Sie
sich dies immer bewusst, wenn Sie Informationen aus dem Internet
verwenden.

Nachfolgend finden Sie eine Checkliste, die Ihnen hilft, die Qualität
und Glaubwürdigkeit von Internet-Informationen zu beurteilen.

Glaubwürdigkeits-Checkliste für Internetseiten

Ziel/Absicht:

☑ Welches Ziel hat die Seite? Will sie eine bestimme Meinung oder Ansicht fördern?

Verfasser:

☑ Ist der Verfasser kompetent auf dem behandelten Gebiet?
Prüfen Sie, ob Informationen über den Autor vorhanden sind.

Verantwortung:

☑ Wer ist für die Seite verantwortlich?

Zielgruppe:

☑ An wen richtet sich die Seite?

Ausführung:

☑ Werden Quellen genannt? Ist Nachprüfbarkeit gegeben?

Aktualität:

☑ Wie alt ist die Seite? Wann wurde sie das letzte Mal aktualisiert?
(Viele Websites haben unten am Ende der Seite einen Aktualisie-
rungsvermerk.)

Kommerzielle Anbieter sind seit Dezember 2001 gesetzlich verpflichtet, unter anderem Name, Anschrift und Handelsregisterein-
tragung auf ihrer Website anzugeben. Sie finden diese Informationen häufig unter dem Stichwort „Impressum". Sie können sich auch
auf der Internetseite der DENIC (Domain Verwaltungs- und Be-
triebsgesellschaft eG – *www.denic.de),* die die zentrale deutsche Re-
gistrierungsstelle für Internetseiten ist, darüber informieren, wer

der eingetragene Inhaber der deutschen Domain ist. Generell sollten Sie bei Zweifeln an der Glaubwürdigkeit einer Information immer nach einer zweiten unabhängigen Quelle suchen.

3.11.2 Erfolgreiche Suche im Internet

Sind Ihnen bei Ihren Vorüberlegungen Institutionen, Unternehmen oder andere Anlaufstellen eingefallen, bei denen Sie die gesuchten Informationen vermuten, dann greifen Sie zunächst auf deren Homepages zu. Ist Ihnen die genaue Webadresse nicht bekannt, so können Sie versuchen, sie durch „Domain-Raten" herauszufinden. Oder Sie nutzen einen der Suchdienste im Internet.

Domain-Raten

Das Domain-Raten hat sich bei der Suche nach Websites von Firmen bewährt und führt auch in anderen Fällen manchmal zu verblüffenden Erfolgen. Für das Domain-Raten ist es wichtig, dass Sie die Struktur einer Webadresse kennen.

Die Struktur einer www-Adresse sieht folgendermaßen aus:

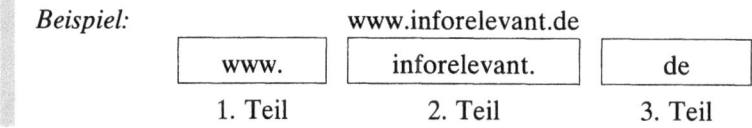

www. ist der 1. Teil einer Webadresse. Da das Internet neben dem World Wide Web noch aus anderen Diensten (zum Beispiel ftp und E-Mail) besteht, wird mit der Kennzeichnung www. kenntlich gemacht, dass sich die Information im World Wide Web befindet.

Der 2. Teil der Adresse ist die Bezeichnung der Second-Level-Domain. Hierfür wird meist der Firmenname oder eine andere einprägsame Bezeichnung gewählt.

Als 3. Teil einer Webadresse kommen verschiedene Top-Level-Bezeichnungen in Betracht. Man unterscheidet zwischen Gattungsbezeichnungen (Generic-Domains) und Länderbezeichnungen (Country-Domains).

Zu den bekanntesten Gattungsbezeichnungen gehören:
.com für Firmen (com-commercial)
.org für Organisationen und Vereine (org-organisation)
.edu für Bildungseinrichtungen(edu-education)
.gov für Regierungsseiten (gov-government)

Die oben genannten Gattungs-Domains bezeichnen sehr häufig Seiten US-amerikanischer Herkunft. Die Domain .com wird jedoch auch von international agierenden Firmen anderer Länder genutzt, denn um die Gattungs-Domains kann sich jeder bewerben, der die erforderlichen Bedingungen erfüllt. Country-Domains ergeben sich aus dem Namen des Landes, in dem die Domain registriert wurde, zum Beispiel:
.de für Deutschland
.ch für die Schweiz
.nl für die Niederlande
.it für Italien
.es für Spanien

In einigen Ländern werden die Gattungsbezeichnungen mit den Länderbezeichnungen kombiniert. So endet die Adresse eines kommerziellen Angebotes in Großbritannien mit .co.uk und in Österreich mit .co.at.

Die Registrierung von Länder-Domains ist unterschiedlich geregelt. So kann eine *.de*-Domain nur für eine Person oder Firma registriert werden, die ihren Sitz in Deutschland hat. Anders ist es zum Beispiel mit der Domain *.cc.* Dies ist die Länderkennung für die Coco-Inseln im Indischen Ozean. Die Coco-Inseln vergeben ihre Domainbezeichnung auch an Ausländer.

Seit einiger Zeit gibt es neue Top-Level-Bezeichnungen wie:
.aero Luftfahrtindustrie
.biz Unternehmen
.coop genossenschaftliche Organisationen
.info (ohne feste Zuordnung)
.museum Museen

.name Privatpersonen
.pro Anwälte, Steuerberater, Ärzte

Bis zur stärkeren Verbreitung der neuen Domains bedeutet es für Ihre Suche, dass Sie den größten Erfolg auch heute noch mit den schon bekannten Top-Level-Bezeichnungen haben.

Möchten Sie die Webadresse einer Firma erraten, so sollten Sie es zuerst mit der Eingabe von *www.Name-der-Firma.de* versuchen. Brauchen Sie zum Beispiel die Webadresse der Firma Siemens, landen Sie mit der Eingabe: *www.siemens.de* schon auf der richtigen Seite.

Schwieriger wird es bei Firmennamen, die sich aus mehreren Namen zusammensetzen. So hat zum Beispiel der Druckmaschinenhersteller Koenig & Bauer die Internetadresse *www.kba-print.de*. Hier ist ein schnelles Erraten schwierig. In diesen Fällen ist es erfolgreicher, wenn Sie nach ein bis zwei fehlgeschlagenen Rate-Versuchen direkt über eine Suchmaschine gehen.

Suchdienste im Internet

Bei den Suchdiensten im Internet kann man zwei grundsätzliche Arten unterscheiden. Dies sind auf der einen Seite die Kataloge (Verzeichnisse) und auf der anderen Seite die Suchmaschinen. Beide Typen liefern Ihnen nach wenigen Sekunden als Ergebnis zu Ihrer Suchanfrage eine Liste mit Webadressen. Die Unterschiede zwischen Katalogen und Suchmaschinen liegen in der Art der Datensammlung, der Quantität und der Qualität der Suchergebnisse.

Suchmaschinen arbeiten automatisch. Dort erfassen Roboter (Robots/Spider/Crawler) Teile oder sogar den kompletten Quelltext von Websites und speichern ihn in einer Datenbank. Diese Datenbank wird dann über ein Suchformular durchsucht. Die in den Websites enthaltenen Verweise (Links) werden extra gespeichert und dann weiter verfolgt, so dass sich die Roboter von einer Seite zur anderen hangeln (Beispiele: *www.google.de, www.altavista.de* oder *www.fireball.de*).

Themenkataloge sind das zweite Suchkonzept, das derzeit im Internet existiert. Hier wird die Arbeit nicht von Maschinen, sondern von Redakteuren verrichtet. Die Betreiber einer Website müssen den Redakteuren eines Webkataloges ihre Seite zum Eintrag vorschlagen. Die Seite wird dann von den Redakteuren bewertet, bestimmten Kategorien zugeordnet und im Katalog erfasst. Die Katalogisierung durch die Redakteure stellt sicher, dass die erfassten Websites bestimmten Qualitätskriterien entsprechen. Allerdings ist in Katalogen ein größerer Zeitverzug bei der Erfassung von Websites zu berücksichtigen. Auch mengenmäßig können die Redakteure eines Katalogs nicht so viele Seiten erfassen, wie es durch die automatische Suche der Roboter einer Suchmaschine möglich ist (Beispiele: *www.yahoo.de, www.allesklar.de, www.web.de*).

Für den Benutzer verwischen sich die Grenzen zwischen Suchmaschine und Katalog immer mehr. Webkataloge bieten zusätzlich die Dienste von Suchmaschinenrobotern an. Suchmaschinen halten im Gegenzug thematische Rubriken bereit, in denen man stöbern kann. Sie können diese zwei unterschiedlichen Suchdienst-Konzepte zielgerichtet für Ihre Recherche einsetzen. Mit Suchmaschinen findet man auch ausgefallene Seiten, während Webkataloge eine Zusammenstellung von in ihrer Qualität und Relevanz beurteilten Websites zu einem Thema bieten. Also:

➤ Haben Sie schon genaue Vorstellungen von den gesuchten Informationen und sind Sie auf der Suche nach speziellen Details, dann nutzen Sie eine **Suchmaschine.**

➤ Ist das Thema jedoch ganz neu für Sie und haben Sie nur eine vage Vorstellung von den Informationen, die zu diesem Thema gehören könnten, dann bietet es sich an, erst einmal über einen **Webkatalog** zu gehen und sich zunächst einen grundsätzlichen Überblick über das Thema zu verschaffen.

Allerdings gibt es keinen Suchdienst, der alle Seiten des WWW kennt, und es gibt auch keine zentrale Stelle, die ein zentrales Register über alle Seiten führt. So findet jede Suchmaschine nur einen Teil der Informationen der weltweit existierenden Websites. Experten gehen davon aus, dass das bisher noch nicht mit Suchdiensten erfasste Web etwa 500-mal so groß ist wie die bisher erfassten Websites.

Aus Gründen der Zeitersparnis empfiehlt es sich, dass Sie sich einen Katalog und eine Suchmaschine aussuchen, die Sie regelmäßig für Ihre Standardsuche benutzen wollen. Denn es ist sinnvoller, sich mit der Bedienung von ein oder zwei Suchdiensten gut auszukennen, als mit vielen verschiedenen Anbietern zu arbeiten, mit deren suchmaschinenspezifischen Syntax man nicht vertraut ist. Allerdings sollten Sie aufmerksam sein, wenn Sie von Kollegen, Geschäftspartnern oder aus den Medien von interessanten Suchdiensten erfahren. Denn die Qualität von Suchdiensten ändert sich. Prüfen Sie von Zeit zu Zeit, ob neue Suchwerkzeuge Ihren Ansprüchen besser genügen als Ihr alter „Lieblingssuchdienst".

Sollten Sie mit Ihrem Standardsuchdienst nicht den gewünschten Erfolg haben, dann können Sie auf weitere Suchdienste zurückgreifen, die noch andere Seiten des Netzes durchforsten, denn, wie bereits erwähnt, keine Suchmaschine kennt alle Seiten im Internet.

> **Tipp!**
>
> Speichern Sie in Ihrem Browser unter Ihren Favoriten/Lesezeichen die Webadressen der verschiedenen Suchmaschinen und Kataloge ab. Das erleichtert Ihnen später die Suche.

Überdenken Sie bei erfolgloser Suche auch Ihre Suchstrategie. Für Suchmaschinen ist es beispielsweise schwierig, aus ein oder zwei eingegebenen Worten den Wunsch des Nutzers zu entschlüsseln. Da gibt jemand den Begriff „Puma" ein. Will er Informationen zu dem Tier, interessiert ihn das Unternehmen zum Beispiel als möglicher Arbeitgeber oder sucht er nach einem günstigem Schuh-Secondhand-Angebot? Die Suchmaschinenbetreiber versuchen bereits eine Software zu entwickeln, die – anstatt den Nutzer mit einer langen Liste von Sucherergebnissen aus allen möglichen Bereichen zu überfluten – zum Beispiel beim Nutzer nachfragt: Welches dieser Gebiete interessiert Dich? Die Suchmaschine *http://de.vivisimo.com* versucht die Ergebnisse verschiedenen Themenbereichen zuzuordnen. Der Nutzer kann sich somit auf die Ergebnisse konzentrieren, die im gewünschten Themenbereich liegen.

Solange die Suchmaschine aber noch nicht ausreichend „mitdenken" kann, ist es notwendig, dass der Nutzer versucht, sich in die Denkweise der Suchdienste und der Website-Autoren hineinzuversetzen. Vielleicht gibt es auch Synonyme oder andere Suchbegriffe, die Sie in die Nähe der gesuchten Information führen. Oder es fällt Ihnen eine mögliche Institution ein, mit der diese Information in Zusammenhang steht. Dann suchen Sie nach der Website dieser Institution.

Beispiel: Sie suchen nach einer Information zur allgemeinen Laufzeit von Gebrauchsmustern. Dann führt die direkte Suche über die Website des Patentamtes schneller zum Ziel als eine Suche über Stichworte wie „Laufzeit" und „Gebrauchsmuster".

Suche mit Hilfe eines Webkatalogs

Als Nutzer eines Katalogs „hangeln" Sie sich von einer Oberkategorie in die jeweils nächste Unterkategorie, solange bis Sie in dem Bereich angekommen sind, in dem Sie die Information vermuten.

Wenn Sie beispielsweise im Katalog *www.yahoo.de* Informationen darüber suchen, welche Firmen Industriebohrmaschinen herstellen, dann gehen Sie über die Kategorie *Finanzen & Wirtschaft*, wählen in der nächsten Auswahl die Kategorie *Firmen*, dann *Business to Business*, weiter in die Rubrik *Industriebedarf*, dann *Maschinen & Werkzeuge* und weiter in die Rubrik *Bohrmaschinen*. Dort finden Sie eine Auflistung von Websites verschiedener Firmen, die Bohrmaschinen herstellen. In den meisten Katalogen haben Sie auch die Möglichkeit, einen Suchbegriff einzugeben und dann mit der Option „im Verzeichnis suchen" den Katalog nach diesem Suchbegriff zu durchsuchen.

Viele Kataloge listen in der Ergebnisaufstellung nicht nur die Adressen der Websites auf, sondern liefern auch eine Kurzbeschreibung der aufgelisteten Seiten. Dies ist hilfreich, um schon vorab die Relevanz der Seiten für die eigene Fragestellung zu beurteilen. Nutzen Sie hier auch das Hintergrundwissen zur Struktur von Internetadressen. So können Sie anhand der Gattungs-Domain abschätzen, von wem das Angebot veröffentlicht wurde (z.B. mit der Endung „.com" von einem kommerziellen Anbieter oder mit „.org" von einer Organisation).

Suche mit Hilfe einer Suchmaschine

Der erste Schritt ist die Auswahl der geeigneten Suchmaschine. Bei der Nutzung von Suchmaschinen können Sie zwischen drei Typen wählen:

1. **Allgemeine Suchmaschinen** sind eines der beliebtesten Recherchewerkzeuge im Internet. Sie decken einen breiten Bereich des Internets ab (z.B. Google, Altavista).

2. **Spezialsuchmaschinen** gibt es für bestimmte Themen- und Internetbereiche. Wenn es zu Ihrem Informationsbedarf eine Spezialsuchmaschine gibt, dann verwenden Sie diese als erste (z.B. für Medienberichte Paperball, Paperazzi).

3. **Metasuchmaschinen** suchen gleichzeitig in mehreren Suchmaschinen nach Ihren Begriffen. Die Ergebnisse werden in einer Liste zusammengefasst. Sie können sich so einen Überblick verschaffen, ob und wie viel Informationen es zu Ihrem Thema gibt (z.B. MetaGer, Vivìsimo, Metacrawler).

Handhabung von Suchmaschinen

Die Hilfefunktionen und Anleitungen auf den Seiten der Suchmaschinen helfen Ihnen, sich schnell mit den Möglichkeiten der jeweiligen Maschine vertraut zu machen. Ein kurzer Blick in die dort angegebenen Suchtipps kann Sie schneller zu den gewünschten Ergebnissen führen als langes Herumprobieren. Hier einige allgemeine Hinweise:

➤ **Groß oder klein?** Viele Suchmaschinen unterscheiden zwischen Groß- und Kleinschreibung. Wenn Sie die Suchbegriffe kleinschreiben, finden die Maschinen in der Regel diese Worte in Klein- und Großschreibung. Die Großschreibung benutzen Sie am besten, wenn Sie nach einer Abkürzung suchen, die generell nur in Großbuchstaben geschrieben wird, zum Beispiel „AEG". Bei der Eingabe von Großbuchstaben wird das gesuchte Wort, wenn es auf der Website kleingeschrieben wurde, meist nicht gefunden.

➤ **Suchbegriffe festlegen.** Überlegen Sie sich, welches geeignete Suchbegriffe sind, um die von Ihnen gewünschte Information zu finden. Versetzen Sie sich in den Autor der Information. Welche Begriffe könnte er benutzt haben? Berücksichtigen Sie auch verschiedene Schreibweisen (z.b. email, E-Mail).

➤ **Suche in Deutsch.** In vielen Suchmaschinen können Sie die Sprache der Seiten auswählen, die Sie sich anzeigen lassen möchten. Einfach anklicken und Ihnen werden dann auf Wunsch nur Seiten in Deutsch angezeigt.

➤ **Suche einschränken.** Bemühen Sie sich, Ihre Suche immer möglichst zielgenau einzuschränken, um nicht unnötig Zeit mit der Sichtung vieler irrelevanter Fundstellen zu verlieren. Wenn Sie einen sehr allgemeinen Suchbegriff wie das Wort „Versicherung" eingeben, bekommen Sie zum Beispiel bei *www.google.de* eine Trefferliste mit über 700 000 Fundstellen angezeigt. In solchen Fällen reicht ein Suchbegriff nicht. Mit Hilfe von mehreren Suchbegriffen, die Sie miteinander verknüpfen, können Sie die Zahl der Fundstellen reduzieren. Für die Verknüpfung von Suchbegriffen gibt es Hilfsmittel, die sinngemäß in fast allen Suchmaschinen einsetzbar sind. Diese Hilfsmittel nennt man auch logische Verknüpfungen oder, nach dem britischen Mathematiker George Boole, Boolesche Operatoren. Hier eine Übersicht:

Logische Verknüpfungen

Das Pluszeichen (+) (AND)

Setzen Sie ein Pluszeichen vor einen Begriff, so heißt dies in der Recherchesprache „und".

Sind Sie zum Beispiel im Versicherungsvertrieb und wollen sich über die fondsgebundenen Lebensversicherungen der Wettbe-

---

werber informieren, dann geben Sie als Suchbegriffe +*fondsgebunden* +*Lebensversicherung* ein. Sie erhalten als Ergebnis alle Seiten, auf denen das Wort „fondsgebunden" und das Wort „Lebensversicherung" vorkommen. Seiten, auf denen zwar das Wort „Lebensversicherung" auftaucht, aber nicht das Wort „fondsgebunden" erwähnt wird und umgekehrt, werden so aus der Ergebnisliste ausgeschlossen.

Manche Suchmaschinen zeigen, sobald mehrere Worte in das Suchfeld eingegeben werden, automatisch nur die Ergebnisse an, auf denen alle angegebenen Suchbegriffe erscheinen (z.B. Google). Das heißt, bei diesen Suchmaschinen müssen Sie nichts weiter tun, als die Begriffe durch Leerzeichen voneinander getrennt in das Suchfeld einzutragen. Die Suchmaschine verknüpft im Hintergrund die Begriffe mit einem „und".

Das Minuszeichen (–) (NOT)

Stellen Sie einem Begriff ein Minuszeichen voran, so heißt das „nicht". Sie schließen so alle Seiten aus, auf denen dieser Begriff auftaucht.

Sie können beispielsweise Informationen über Risikolebensversicherungen ausschließen, wenn Sie
+*fondsgebunden* +*Lebensversicherung* -*Risikolebensversicherung* eingeben.

Der senkrechte Strich (|) (OR)

Sie erhalten dieses Zeichen, wenn Sie die „*AltGr*"-*Taste* und die „<"-*Taste* gleichzeitig drücken. Stellen Sie diesen senkrechten Strich (|) zwischen zwei Suchbegriffe, dann heißt dies in der Sprache der Suchmaschine „oder" .

Nehmen wir an, Sie suchen Informationen zu Lebensversicherungen oder Rentenversicherungen, dann geben Sie ein:
Lebensversicherung | Rentenversicherungen
Dies sei nur der Vollständigkeit halber erwähnt. Die Suche mit „oder" bringt in der Praxis jedoch meist keine sinnvollen Ergebnisse. Das wichtigste Hilfsmittel bei Ihren Recherchen wird die

oben erwähnte Verknüpfung zweier Begriffe durch das Pluszeichen sein.

Trunkierungszeichen

Eine weiteres Suchhilfsmittel, das bei vielen Suchabfragen eingesetzt werden kann, ist das Trunkierungszeichen, meist in Form eines Sternchens (*). Das Trunkierungszeichen wird auch als Wildcard und Platzhalter bezeichnet. Angenommen, Sie suchen etwas über einen potenziellen gewerblichen Neukunden, sind sich aber nicht mehr sicher, wie der genaue Name der Firma lautet. War es nun Waldmann, Waldmarkt oder Waldmaier? Dann geben Sie ein: *Wald**. Und als Ergebnis erhalten Sie alle Begriffe, die mit Wald- beginnen. Um jedoch hier nicht zu viele Treffer zu erhalten, empfehle ich Ihnen, die Suche mit weiteren Suchbegriffen einzuschränken, wenn Sie zum Beispiel wissen, in welchem Ort sich die Firma befindet oder welche Produkte sie vertreibt. Also zum Beispiel *+Wald* +Berlin +Baumaschinen*.

Zitat („ ") Phrasen-Verknüpfung

Suchen Sie nach einer feststehenden Wortkombination, so setzen Sie diese in Anführungsstriche. Wenn Sie beispielsweise den Satz „*Lieber spät als nie*" in Anführungszeichen setzen, so werden alle Seiten gefunden, die dieses Zitat enthalten.

Grundsätzlich sollten Sie bei der Nutzung der logischen Operatoren bedenken, dass Ihnen bei einer zu starken Einschränkung möglicherweise relevante Dokumente entgehen.

Die oben beschriebenen Verknüpfungsbefehle finden inhaltlich in fast allen Suchmaschinen Anwendung. Wie diese Befehle formal gestaltet werden, ist aber in den Suchmaschinen häufig unterschiedlich geregelt. Nutzen Sie deshalb die Hilfsangebote der jeweiligen Suchmaschine, um sich darüber zu informieren.

Ergebnislisten

Das Verfahren, das bestimmt, in welcher Reihenfolge die zum gesuchten Begriff gefundenen Websites in den Ergebnislisten ausgegeben werden, nennt man **Ranking**. Der genaue Ranking-Mechanismus wird von den Suchmaschinenbetreibern nicht bekannt gegeben. Einige Suchmaschinen verkaufen die oberen Plätze in ihren Trefferlisten unabhängig davon, wie genau der Suchbegriff auf die angezeigte Webadresse zutrifft. Entscheidend für die Glaubwürdigkeit jedes Suchdienstes ist jedoch, dass solche Treffer in der Ergebnisliste deutlich als Werbe- oder Sponsorenlinks gekennzeichnet werden. Beobachten Sie die Ergebnislisten deshalb genau.

Powersuche

Neben der einfachen Suche (Express-Suche) bieten fast alle Suchmaschinen eine Profisuche (Powersuche) mit erweiterten Möglichkeiten an. Hier können Sie zum Beispiel Eingrenzungen vornehmen, wie Datumseinschränkungen und die Suche in den Meta-Tags. Meta-Tags sind Zusatzinformationen, die vom Autor einer Website definiert und im verborgenen Quelltext der Websites hinterlegt sind. Hierzu gehören Informationen über den Autor und Herausgeber der Website. In der Profisuche können Sie auch häufig Einfluss auf die Sortierung der Treffer nehmen. Wenn Sie die Möglichkeiten der Profisuche nutzen, können Sie Ihre Suche noch besser auf relevante Informationen eingrenzen.

3.12 Kommerzielle Datenbanken

Sollten Sie bei Ihrer Suche in den klassischen Informationsquellen nicht fündig werden und auch bei der Recherche nach kostenfreien Informationen im Internet keinen Erfolg haben, dann können Sie Ihre Suche auf kostenpflichtige On- und Offline-Wirtschaftsdatenbanken ausdehnen.

Hier noch einmal der Hinweis: Wägen Sie immer ab zwischen dem Nutzen, den Sie durch die gesuchte Information erwarten, und dem

Zeitaufwand und den Kosten, die entstehen, um diese Daten zu beschaffen.

3.12.1 Kostenpflichtige Online-Datenbanken

Der Vorteil von kostenpflichtigen Datenbanken besteht darin, dass diese von Fachleuten gezielt für erfolgreiche Informationsabfragen aufgebaut werden. Die Informationen für die einzelnen Datenbanken werden aus dem gesamten Informationsangebot selektiert, strukturiert und mit Hilfe von Schlagworten und Abstracts suchbar gemacht.

Das Angebot an Datenbanken ist sowohl in Deutschland als auch weltweit in den letzten Jahren erheblich gestiegen und verändert sich fast täglich. Weltweit existieren circa 6 000 öffentlich zugängliche Online-Datenbanken zu den unterschiedlichsten Fachgebieten. Man findet bei den Datenbankanbietern Wirtschaftsinformationen über Märkte, Branchen und Firmen, Informationen zu Patenten, Warenzeichen, Werkstoffen, Techniken und fast alles, was weltweit zu Biotechnologie, Medizin, Agrarwissenschaft, Geologie, Chemie und Physik veröffentlicht wurde. Viele nationale und internationale Zeitschriften, Magazine und Fachpublikationen sind im Datenangebot.

Für den Vertrieb am interessantesten sind im Datenangebot die Unternehmensdaten, Brancheninformationen und Marktstudien. Sie finden dort auch Pressedatenbanken im Volltext und können nach Artikeln in vielen Tages- und Wochenzeitungen und zahlreichen Fachzeitschriften recherchieren.

Für die meisten Datenbankhersteller wäre es zu aufwändig, sich selbst um die Vermarktung und Abrechnung der Datenbankzugriffe zu kümmern, daher bieten sie ihre Datenbanken speziellen Informationsanbietern an, die dann viele verschiedene Datenbanken unter einer gemeinsamen Oberfläche anbieten (Datenbank-Host).

Die Recherche

Seitdem sich das Internet immer mehr durchsetzt, schaffen auch die Datenbankanbieter neue, vereinfachte Recherchemöglichkeiten. Heute kann auch der Gelegenheits-Rechercheur über suchfreundliche Web-Oberflächen die Datenbanken nach Informationen durchsuchen, ohne Spezialkenntnisse zu Retrieval-Kommandos (Abfrage-Befehle) der jeweiligen Abfragesprachen zu benötigen.

Besonders wenn Sie das erste Mal kommerzielle Datenbanken nutzen möchten, empfiehlt sich der Einstieg über die übersichtlichen und benutzerfreundlichen Webmasken dieser Anbieter. Sie können dort Ihre Suchbegriffe eingeben, die Themenbereiche einschränken und Datenbankgruppen auswählen. Die Suche und Anzeige der Trefferliste ist kostenfrei. Die Ansicht der Dokumente, die Sie aus der Trefferliste auswählen, ist jedoch kostenpflichtig.

Datenbanken mit Firmen- und Marktinformationen

Zum Abruf von Informationen über deutsche Unternehmen stehen Ihnen zum Beispiel Datenbanken von Hoppenstedt, Creditreform, AZ Bertelsmann (FIB) sowie die Zentralhandelsregister-Beilage als Datenbank des Handelsregisters zur Verfügung. Unternehmensprofile aus dem Ausland sind in den Dun & Bradstreet-Datenbanken erfasst. In den Firmenprofilen finden Sie auch die Namen von Firmeninhabern und Führungskräften und damit ein großes Kundenpotenzial zum Beispiel für Finance-Produkte, Autos, Reisen, Luxusprodukte, Beratungsleistungen und Seminarveranstaltungen.

Marktinformationen aus deutschsprachigen Zeitschriften/Zeitungen mit Tabellen und Grafiken finden Sie zum Beispiel in der Datenbank FAKT. Sie finden dort Informationen zu Branchenumsätzen, Marktanteilen sowie Trends und Prognosen aus allen Wirtschaftsbereichen.

Benötigen Sie detaillierte Analysen über Märkte und Branchen im Ausland, dann bietet sich die Nutzung der Datenbank bfai – Märkte im Ausland *(www.bfai.de)* an. Sie können dort Informationen über

Trends, aktuelles Zahlenmaterial und auch Zoll-, Investitions- und Rechtsinformationen finden.

Wirtschaftsdatenbanken: GBI und GENIOS

Den Zugriff auf diese Datenbanken ermöglichen Ihnen deutsche und internationale Datenbankanbieter. Die Datenbankanbieter GBI-Gesellschaft für betriebswirtschaftliche Information (*www.gbi.de*) und GENIOS Wirtschaftsdatenbanken (*www.genios.de*) gehören im deutschsprachigen Bereich zu den führenden Anbietern von Wirtschaftsinformationen.

Sie können alle GBI-Datenbanken mit Hilfe einer übersichtlichen Eingabemaske kostenfrei durchsuchen und sich die Ergebnisliste ansehen. Erst wenn Sie sich die Originaldokumente anzeigen lassen, werden Ihnen pro Dokument Gebühren berechnet. Was Sie die einzelnen Informationen kosten würden, sehen Sie in der Ergebnisliste. Die Preise stehen neben jedem Dokument. Die Preise richten sich nach der Datenbank, aus der die Dokumente stammen. Ein ausländisches Firmenprofil mit 67 Worten kann aus der Dun & Bradstreet-Datenbank Frankreich zum Beispiel 3,40 Euro kosten (Stand April 2004).

Sie können als Gastkunde die anfallenden Kosten per Kreditkarte zahlen. Sollten Sie häufiger auf die GBI-Datenbanken zugreifen, haben Sie die Möglichkeit, sich gegen Gebühr als Profikunde registrieren lassen. Sie können dann per Rechnung bezahlen und zusätzlich verschiedene persönliche Dienstleistungen nutzen.

Für gelegentliche Recherchen bei Genios bietet sich die Nutzung des Genios-Recherche-Shops an. Die Bezahlung der abgerufenen Dokumente kann per Kreditkarte und mit verschiedenen anderen Bezahlsystemen erfolgen. Firmenprofile kosten zum Beispiel zwischen 4,20 und 9,90 Euro, für Artikel aus Fachzeitschriften werden 2,50 bis 3,50 Euro pro Dokument fällig.

Informationen für den Technischen Vertrieb: FIZ Technik

Arbeiten Sie im Technischen Vertrieb, dann benötigen Sie möglicherweise technisch-wissenschaftliche Informationen. In diesen Fällen bietet sich die Adresse *www.fiz-technik.de* an. FIZ Technik ist in Deutschland das nationale Zentrum für die technisch-wissenschaftliche Information und Dokumentation zur Förderung von Forschung und Wissenschaft. FIZ-Technik bietet Zugriff auf Fachartikel aus nationalen und internationalen technisch-wissenschaftlichen Publikationen.

Internationale Datenbanken

Im internationalen Bereich finden Sie weitere interessante Datenbankanbieter: The Dialog Corporation (*www.dialog.com*) ist ein Zusammenschluss von drei Datenbankanbietern (Dialog, DataStar, Profound) mit Informationen zu Wirtschaft, Patenten, Presse, Natur- und Sozialwissenschaften. Lexis Nexis ist ein internationaler Online-Anbieter für Wirtschafts- und Rechtsinformationen im Volltext (*www.lexisnexis.de*).

Haushaltsdatenbanken

Im Bereich Konsumenten-Informationen werden anhand regelmäßiger Konsumentenbefragungen große Haushaltsdatenbanken unter anderem von AZ Direct (*www.az-direct.com*) oder der Schober Information Group (*www.schober.de*) mit regelmäßig aktualisierten Privat-Adressen eingerichtet. Kriterien wie Alter, Kaufkraft, Wohnsituation, Wohngebietstyp und Interessengebiete stehen den Unternehmen zur genauen Zielgruppeneingrenzung zur Verfügung. Diese Datenbanken können Sie direkt bei den genannten Datenbankherstellern erreichen.

Tipps zur Nutzung einer kostenpflichtigen Datenbank

Bevor Sie eine kostenpflichtige Datenbank nutzen, erkundigen Sie sich, ob es sich dabei um eine Hinweis- bzw. Referenzdatenbank handelt, die lediglich auf das Originaldokument hinweist, oder ob

Sie auf eine Faktendatenbank zugreifen können, aus der die Informationen direkt verwertbar sind.

Wichtige Kriterien zur Bewertung der Qualität einer Datenbank sind:

- ➤ die fachliche Abdeckung des gewünschten Themenbereiches,
- ➤ der Umfang der Datenbank und
- ➤ wie gut die Informationen in der Datenbank aufbereitet sind.

Außerdem können Sie sich vor einer Recherche darüber informieren, wie häufig und in welchen Abständen die Daten aktualisiert und seit wann diese erfasst werden. So werden zum Beispiel die Informationen in der Datenbank Zentralhandelsregister-Beilage des Bundesanzeigers seit 1986 erfasst.

3.12.2 Kostenpflichtige Offline-Datenbanken

Es sind eine Vielzahl von Informations-CD-ROMs und -DVD-ROMs auf dem Markt. Angebote für Telefon- und Adressauskünfte, aber auch Firmen- und Produktinformationen sind offline auf CD oder DVD zu erhalten. Auf CD und DVD können auch Töne, Bilder und Videosequenzen mit dem Text verbunden werden, deshalb bietet sich die Nutzung dieser Datenträger unter anderem für multimediale und grafische Darstellungen an.

Sie finden ein breites Angebot von Informations-CDs und -DVDs in Geschäften, in denen Sie Software und Computerzubehör kaufen können. Verschiedene Datenbanken, wie zum Beispiel die WLW CD-Marketing der „Wer liefert was?" GmbH und die Firmeninformationen von Hoppenstedt, können auch direkt bei den Datenbankproduzenten auf CD erworben werden.

Die WLW CD-Marketing zum Beispiel enthält mehr als 290 000 B-to-B-Adressen aus zehn Ländern mit den dazugehörigen Ansprechpartnern aus der 1. und 2. Führungsebene. Die Daten können nach 23 verschiedenen Kriterien selektiert werden. Der Ausdruck von Adress- und Telefonlisten sowie Adressetiketten ist möglich. Die Informationen können unbeschränkt genutzt und exportiert werden. Der Preis für die **WLW CD-Marketing** liegt in einer Größenordnung von circa 920 Euro plus Umsatzsteuer.

Der Datenpool „Firmeninformationen Deutschland" mit rund 150 000 Unternehmen wird von Hoppenstedt in verschiedenen Lieferformen angeboten. So gibt es zum Beispiel eine Vollversion, bei der im Rahmen einer Abo-Vereinbarung alle Daten nach Belieben genutzt werden können. Es gibt die Möglichkeit, die Daten nach über 70 verschiedenen Kriterien zu selektieren. Außerdem können Sie sich eine CD-ROM individuell konfigurieren lassen oder eine nutzungsabhängige Version im Rahmen eines Abo-Vertrages erwerben. Bei der nutzungsabhängigen Version ist neben einer Jahresgrundgebühr eine nutzungsabhängige Gebühr für die jeweils genutzten Daten zu zahlen. Die Auskunfts-CD (Ausgabe März 2004) ist für einen Preis von circa 1 350 Euro plus Umsatzsteuer zu erwerben.

Auch das Statistische Bundesamt bietet Informationen auf CD-ROM an, so zum Beispiel: Außenhandel nach Waren und Ländern. Auf der angebotenen CD zum Preis von 25 Euro finden Sie Monats- und Jahresteilergebnisse der Ein- und Ausfuhr (Spezialhandel) Deutschlands – ohne Werteingrenzung, nach Warennummern und Ursprungs- und Bestimmungsländern aufgeschlüsselt.

Für den Kauf einer Informations-CD oder -DVD fällt, wenn dieser nicht mit einem Aktualisierungs-Abo verknüpft ist, ein einmaliger Anschaffungspreis an. Für Recherchen in Online-Informationsdiensten sind bei jeder Nutzung Online-Gebühren zu zahlen. Sie haben dafür jedoch Zugriff auf Daten, die laufend aktualisiert werden.

Ob es für Sie günstiger ist, sich für den Kauf einer Auskunfts-CD bzw. DVD zu entscheiden, anstatt auf eine Online-Datenbank im Internet zuzugreifen, hängt davon ab, was Sie brauchen, ob es immer die aktuellsten Daten sein müssen und vor allem, wie intensiv Sie diese nutzen werden. Sie sollten diese Entscheidung anhand Ihres persönlichen Informationsbedarfs treffen.

3.13 Beauftragung eines Information Brokers

Sollten Sie bei der selbstständigen Suche einmal nicht zu den notwendigen Informationen kommen, besteht auch die Möglichkeit, einen externen Information Broker zu beauftragen. Information Broker sind Informationsvermittler, die entsprechend Ihrer Auftragsstellung die gewünschten Informationen beschaffen und zur Verfügung stellen.

Die Informationsvermittlung hat sich seit einigen Jahren als eigenständiger Berufs- und Wirtschaftszweig etabliert. Schätzungen der DGI (Deutschen Gesellschaft für Informationswissenschaft und Informationspraxis e.V.) gehen davon aus, dass circa 100 bis 200 selbstständige Information Broker derzeit in Deutschland tätig sind. Sie sind häufig auf bestimmte Fachgebiete spezialisiert und recherchieren in kommerziellen Datenbanken, im Internet und teilweise auch über Direktkontakte zu Unternehmen, Verbänden, Ministerien und Kammern.

Standardaufträge werden oft zu Festpreisen angeboten. Gab es Änderungen bei Ihren Kunden und Wettbewerbern und möchten Sie wissen, wer nun als Geschäftsführer im Handelsregister eingetragen wurde, so können Sie die Recherche nach einem Neueintrag in den Handelsregisterveröffentlichungen zum Beispiel zu einem Festpreis von 11 Euro in Auftrag geben. Bei individuellen Recherchen empfiehlt es sich, eine Preisobergrenze festzulegen, um die Kosten unter Kontrolle zu behalten.

Zu den Standardangeboten von Information Brokern im Wirtschaftsbereich gehören zum Beispiel **Firmenprofile** und **Marktanalysen**. Die Firmenprofile enthalten Informationen wie:

➤ Ansprechpartner,
➤ Kontaktinformationen,
➤ Kennzahlen über Umsatz und Eigenkapital,
➤ Eigentumsverhältnisse,
➤ Verflechtungen,
➤ Mitarbeiterzahl,
➤ Produktpalette.

Marktanalysen werden aus Datenbanken recherchiert. Individuelle Marktübersichten werden von den Informationsvermittlern auf Grund von Marktdaten aus Wirtschaftsdatenbanken, Statistiken, Internetressourcen, Presseberichten und teilweise auch auf der Basis direkter Auskünfte erstellt.

Benötigen Sie zum Beispiel **aktuelle Marktdaten**, so kann Ihnen ein Informationsvermittler auch innerhalb weniger Stunden entsprechende Fakten zur Verfügung stellen, wie Marktumfang, Marktentwicklung, Umsätze der wichtigsten Wettbewerber in Deutschland und international, Werbeausgaben, Absatzwege, statistische Verbrauchszahlen, Nachfrage-Prognosen, Trends und vieles mehr.

Gerade in der Neukunden-Akquisition spielen Informationen zur **Bonität** eine wichtige Rolle, deren Beschaffung Sie auch bei Informationsvermittlern in Auftrag geben können.

Tipp!

Tipps für die Zusammenarbeit mit Informationsdiensten

➤ Bevor Sie einen Informationsdienst beauftragen, überlegen Sie genau, welche Informationen Sie benötigen.

➤ Der Informationsvermittler sollte auf die Recherche von Wirtschaftsinformationen spezialisiert sein und über entsprechende Erfahrungen auf diesem Gebiet verfügen.

➤ Beschreiben Sie Ihren Informationsbedarf ganz detailliert. Was brauchen Sie an Informationen und zu welchem Zweck? Denn nur wenn der Informationsvermittler Ihren Informationsbedarf genau verstanden hat, kann er Ihnen nach Recherche und Aufbereitung genau die Informationen zur Verfügung stellen, die Sie benötigen.

➤ Falls Sie Stichworte oder Hinweise zu dem gesuchten Thema haben, geben Sie diese bei der Auftragsvergabe mit an. Sie erleichtern dadurch die Suche. Da die Abrechnung – außer bei Pauschalangeboten – in der Regel neben den Dokumenten- und Datenbankkosten auch nach Zeitaufwand erfolgt, bedeutet eine schnelle Suche auch gleichzeitig eine kostengünstigere für Sie.

Auf der Website der Deutschen Gesellschaft für Informationswissenschaft und Informationspraxis e.V. *(www.dgd.de/infobroker/)* finden Sie eine Übersicht über die der DGD bekannten Informationsvermittler. Sie können dort die erfassten Informationsvermittler nach Dienstleistungen, Fachgebieten und Publikationen selektiert abrufen.

Einige Beispiele für Informationsdienste

Der Recherchedienst der Frankfurter Allgemeine Zeitung *(www.faz-verlag.de/recherchedienst)* beschafft Ihnen Fakten, Daten und Analysen mit Zugriff auf das FAZ-Archiv, das Internet und über 6 000 Datenbanken in Deutschland, Europa und den USA. Auch das Dokumentations- und Informationszentrum München GmbH (DIZ) *(www.diz-muenchen.de)* der Süddeutschen Zeitung recherchiert für Sie kostenpflichtig nach Artikeln und Themen in Zeitungen, Zeitschriften, in externen Datenbanken und auch im Internet. Die gewünschten Informationen werden Ihnen dann offline oder online zugestellt.

Infobroking lutz *(www.infobroking.de)* hat sich auf die Vermittlung von Unternehmensinformationen spezialisiert. Wirtschafts-, Markt- und Firmeninformationen werden entsprechend der Auftragsstellung in verschiedenen Datenbanken recherchiert und aufbereitet. Beim Datenbank-Informationsdienst Michael Klems (Informationsvermittlung) finden Sie eine Vielzahl von Standardangeboten zu Festpreisen. Sie können aber auch einen Auftrag für eine individuelle Recherche erteilen *(www.infobroker.de)*.

4 Anschaulich präsentiert: Wie Sie Informationen auswerten und aufbereiten

In den vergangenen Kapiteln ging es darum darzustellen, welche Informationen vom Vertrieb benötigt werden und woher diese zu bekommen sind. Nun gilt es, sie systematisch auszuwerten und aufzubereiten. Denn noch zu oft enden die erhaltenen Daten auf einem „Datenfriedhof" und werden nicht sinnvoll für die strategische und operative Vertriebsarbeit genutzt. Erst wenn neue Informationen mit anderen oder früher gespeicherten Informationen vernetzt werden können, werden sie für den Betrachter wertvoll, da sie sein Wissen erweitern oder verändern können.

Informationen, die Sie aus internen Quellen erhalten haben, sind zu filtern, zu strukturieren und mit externen Daten zu ergänzen. Externe Informationen sollten ebenfalls von irrelevanten Daten bereinigt und bewertet werden, bevor Sie diese mit den internen verknüpfen. Um Ihre Daten zu verdichten, stehen Ihnen eine Reihe von Verfahren zur Verfügung. Im Folgenden werden die ABC-Analyse, die Stärken- und Schwächen-Analyse bzw. SWOT-Analyse sowie die Portfoliotechnik dargestellt, da sie relativ leicht umzusetzen sind.

Bereich	Mögliche Analysemethode
Kunden analysieren	Kundenwertanalyse (z.B. ABC-Analyse)
	Portfolio-Analyse
Wettbewerb beurteilen	Stärken-Schwächen-Analyse
	SWOT-Analyse
	Portfolio-Analyse
Branche und Markt/ Trends einschätzen	Portfolio-Analyse
	SWOT-Analyse

Abbildung 4: Bereiche und mögliche Analysemethoden

4.1 Grundsätzliches

Ehe Sie mit der weiteren Verarbeitung der Daten beginnen, sollten Sie diese noch einmal einem kurzen Qualitäts-Check unterziehen.

Qualitäts-Checkliste für Informationen

Relevanz
- ☑ Wie geeignet sind die vorliegenden Daten für die Entscheidung bzw. zur Erfüllung der anstehenden Aufgabe?

Verlässlichkeit und Aktualität
- ☑ Sind die Daten vertrauenswürdig und auf dem neuesten Stand?

Vollständigkeit der relevanten Daten
- ☑ Wurden alle Daten, die für die Fragestellung erforderlich sind, erfasst und wurde auf nicht zutreffende Daten verzichtet?

Termingerecht
- ☑ Stehen alle Daten fristgerecht zu dem Zeitpunkt, an dem sie gebraucht werden, zur Verfügung?

Wenn Sie die Daten überprüft haben, können Sie sie zusammenstellen und mit schon bestehenden Informationen im Unternehmen verknüpfen.

Gehen Sie folgendermaßen vor:

➤ **Stellen Sie die Daten in einer übersichtlichen optischen und textlichen Form dar**, die leicht verständlich ist und wesentliche Informationen auf einen Blick liefert.

➤ **Denken Sie daran, die Informationen in ein geeignetes technisches Format zu überführen**, damit sie problemlos weiterverarbeitet werden können.

➤ **Entscheiden Sie entsprechend Ihres Informationsbedarfs, welche Form der Datenerfassung für Sie am sinnvollsten ist**. Ihr Informationssystem sollte leicht auszuwerten und gut zu speichern sein.

➤ **Achten Sie bei der Datenerfassung und -auswertung auf die Vorgaben des Datenschutzes.** Besondere Vorsicht ist bei der Erfassung und Verwendung von personenbezogenen Informationen (Name, Adresse, Geburtsdatum, Interessen, Hobbys, Reiseziele usw.) geboten. Auch wenn der Kunde von diesen Dingen in persönlichen oder telefonischen Gesprächen selbst berichtet hat, kann es zur Verärgerung und auch rechtlichen Folgen kommen, wenn dieser nicht damit einverstanden ist, dass seine „Plaudereien" in der Kundendatei erfasst und für gezielte Angebote genutzt werden. Wichtige Gesetze, die den Umgang mit personenbezogenen Kundendaten regeln, sind unter anderem das Bundesdatenschutzgesetz (BDSG) und das Teledienstedatenschutzgesetz (TDDSG). Bei Unsicherheit empfiehlt es sich, Rat bei einem Anwalt einzuholen, der auf den Bereich Datenschutz und rechtliche Fragen zur Datenerfassung und -analyse spezialisiert ist. Über einen Anwalt-Suchservice können Sie einen entsprechend spezialisierten Anwalt in Ihrer Nähe finden (zum Beispiel unter *www.anwalt24.de* oder *www.dasd.de*).

➤ **Konzentrieren Sie sich auf die relevanten Informationen.** Verzichten Sie auf seitenlange Ausdrucke von Statistiken, in denen große Mengen an Daten aufgelistet werden, die jedoch in den wenigsten Fällen gelesen werden. Orientieren Sie sich bei der Auswahl der Informationen am Informationsbedarf des Empfängers. Ist das Wissen um bestimmte Details für das weitere Vorgehen nicht notwendig, dann sollten Sie einen Hinweis darauf geben, wo diese Informationen bei Bedarf zu finden sind, und auf deren unmittelbare Übermittlung verzichten.

➤ **Stellen Sie zunächst die Gesamtaussage dar,** das heißt, liefern Sie zuerst einen Überblick und listen Sie dann die Detailinformationen untergeordnet auf. Eine höhere Aussagekraft erreichen Sie, wenn Sie dazugehörige Vergleichswerte, Planungswerte oder Vergangenheitswerte mit darstellen. In vielen Fällen bieten Grafiken (z.B. Diagramme) eine schnellere Übersicht als reine Tabellen. Der Empfänger kann Informationen außerdem schneller erfassen, wenn die Berichte immer in der gleichen formalen Darstellung geliefert werden. Treten in den zusammengestellten Daten Besonderheiten auf, so sollten Sie diese – nach einheitlicher Formatvorlage – kennzeichnen. Ausnahmen können Sie innerhalb der Berichterstattung hervorheben, zum Beispiel durch Unterstreichen, kursive Schrift oder außerhalb der normalen Darstellung in einer extra Position.

Tipp!

Machen Sie sich bewusst:
Informationen sind wichtig. Aber nicht alle Informationen sind wichtig für **Sie**. Überlegen Sie, welche Informationen in welcher Form und in welcher Frequenz Sie wirklich benötigen, und stoppen Sie die nicht benötigten Daten möglichst schon beim Absender. Nehmen Sie, wenn es geht, direkten Kontakt zu ihm auf. Machen Sie deutlich, dass in der Vielzahl der Informationen die wirklich wichtigen untergehen, und sagen Sie, welche für Ihre Arbeit gebraucht werden und welche nicht.

4.2 Zielgruppenprofile

Wenn Ihre Vertriebsrecherche zum Ziel hat, potenzielle Neukunden zu identifizieren, können Sie Ihre Ergebnisse in Form eines Kundenprofils darstellen. Dabei können Sie die verschiedenen ermittelten Kundengruppen nach Anforderungsprofil an das Produkt, den erwarteten Service und anderen Kriterien wie soziodemographische Aspekte (bei privaten Kunden), Branche oder Unternehmensgröße (bei gewerblichen Kunden) oder Kaufverhalten einteilen. Eine wichtige Zusatzinformation ist: Auf welche Art von Werbung reagiert diese Zielgruppe? Informiert sie sich auf Messen, spricht sie auf Anzeigen an oder reagiert sie auf Beiträge in Fachzeitschriften? Gleichen Sie diese Profile mit den Profilen Ihrer bestehenden Kunden ab. Wo gibt es Übereinstimmungen, wo sind Unterschiede erkennbar?

Beispiel: Für eine Frauenzeitschrift mit Schwerpunkt Business und Karriere ermittelte ein Verlag über ein Marktforschungsinstitut folgendes Profil:

Demographische Kriterien:
- weiblich
- 20 bis 49 Jahre alt
- häufig als Single lebend
- höhere Bildung (Abitur, Studienabschluss)
- berufstätig
- Einkommen von mehr als 2 000 Euro netto pro Monat

Regionale Kriterien:
- häufig in Großstädten lebend

Psychographische Kriterien:
- „Der Beruf ist mir sehr wichtig."
- „Ich möchte Karriere machen."
- „Ich interessiere mich für Weiterbildung, Reisen, Sport, Geldanlage."

Aus diesem Profil konnte der Verlag die inhaltliche Ausrichtung der Zeitschrift ableiten:
- Starker Fokus auf Job- und Karrierethemen und Bereiche, die sich darum gruppieren (Mode im Job, Weiterbildung, Geldanlage, Wellness).
- Flankierende Angebote: Job-Messe unter dem Label der Zeitschrift, Job-Börse auf den Internetseiten

Auch für das Leser-Marketing ergaben sich Konsequenzen:
- Plakataktion in Großstädten
- Anzeigenkampagne in ausgewählten Frauen- und Wirtschaftstiteln
- Abonnenten-Gewinnungsaktion mit hochwertigen Business-Accessoires

Auf der Basis dieses Profils wurden außerdem Anzeigenkunden mit Produkten im gehobenen Preis-Segment angesprochen (Bekleidung, Schmuck, Hotels, Körperpflegeprodukte, Seminarveranstalter, Automobilhersteller).

4.3 Die Kundenbewertung am Beispiel der ABC-Analyse

Möchten Sie Ihre bestehenden Kunden besser kennen lernen, dann liefert Ihnen die Vertriebsrecherche wichtige Daten, um diese Kunden in ihrem Beitrag zu Ihrem Unternehmenserfolg zu bewerten.

Es existiert eine Vielzahl von Methoden zur Kundenbewertung, die immer mehr verfeinert werden. Mögliche Wertmerkmale sind beispielsweise:

➤ der bisher erzielte und der erwartete **Umsatz**.

➤ der bisher erzielte und der zu erwartende **Deckungsbeitrag**.

➤ **die Prozesskosten**. Hier werden alle Kosten einer Kundenbeziehung erfasst, von der Neukundengewinnung bis zu den Kosten der täglichen Zusammenarbeit. Mit diesen Daten erfassen Sie die Gesamtkosten Ihrer Ablaufprozesse. Damit können Sie eine detaillierte Verbindung zwischen Ihren eingesetzten Unternehmensressourcen und den Vertriebsergebnissen herstellen.

➤ **der Lebenszyklus** (Customer Lifetime Value – das ist der während der geschätzten Lebensdauer einer Kundenbeziehung geschaffene Wert). Legen Sie eine realistische Zeitspanne fest, in der Sie den Kundenwert berechnen möchten. Notieren Sie die jährlichen Bruttoumsatzerwartungen mit dem Kunden und ziehen Sie die anfallenden Kosten pro Jahr pro Kunde ab. Vermerken Sie dann den jährlichen Einnahmeüberschuss oder die -unterdeckung. Diskontieren Sie diesen bzw. diese ab dem 2. Jahr. Am Ende der festgelegten Zeitspanne stellen Sie dann fest, welchen Wert Ihr Unternehmen aus dieser Kundenbeziehung gezogen hat.

➤ **der Kundenwert**. Die Kundenwertbetrachtung bezieht außer den Deckungsbeiträgen auch das Cross-Selling-Potenzial des Kunden (Deckungsbeiträge aus dem Verkauf zusätzlicher Produkte und Leistungen), sein Referenzpotenzial (wie aktiv ist der Kunde als Empfehler) und sein Lernpotenzial (welche verwertbaren Informationen zum Beispiel zu Produktdefiziten oder die

Konkurrenzentwicklung fließen dem Unternehmen vom Kunden zu) ein.

➤ **der Kunden-Score.** Das bekannteste Scoring-Modell ist die so genannte „RFMR-Methode". Hier werden nach drei Größen Punkte für die Kundenbeziehung vergeben. Es handelt sich um: Recency (wie lange liegt der letzte Kauf oder die letzte Reaktion des Kunden zurück), Frequency (wie oft hat der untersuchte Kunde innerhalb eines bestimmten Zeitraums gekauft) und Monetary Ratio (der Umsatz, die Deckungsbeiträge oder Kundenwert).

Eine klassische (und die einfachste) Form der Kundenanalyse ist die Einteilung der Kunden nach dem **ABC-Prinzip.** Sie soll im Folgenden ausführlicher vorgestellt werden. Die Kunden werden hier anhand der Kriterien Umsatz oder Deckungsbeitrag in die Kategorien A, B und C nach ihrer Wichtigkeit eingeordnet. Die umsatzstärksten Kunden müssen dabei nicht zwangsläufig die wirklichen A-Kunden sein. Prüfen Sie, welche Kunden Ihnen die größte Rendite bringen.

Bei einem Hersteller von Lkw-Fahrzeugaufbauten stellte sich nach näherer Prüfung heraus, dass eine Brauerei, die als langjähriger Großabnehmer mit günstigen Konditionen gepflegt wurde, schon seit einiger Zeit keinen Deckungsbeitrag mehr lieferte.

Solche Kunden werden zwar aus strategischen Gründen auch benötigt, um die Produktion auszulasten oder ein entsprechendes Umsatzvolumen zu halten. Aber das Wissen über den fehlenden oder geringen Deckungsbeitrag sollte bei der Vereinbarung der weiteren Konditionen berücksichtigt werden.

Beispiel für eine einfache ABC-Analyse:

Kunde	Umsatz pro Jahr	ABC-Einstufung nach Umsatz	Rendite pro Jahr	ABC-Einstufung nach Rendite
Winter GmbH				
Sommer KG				
Frühlings AG				
Herbst OHG				

Für die Einstufung in die ABC-Kategorien sollten Sie zuerst die Umsatz- und Rendite-Werte der Kunden aus Ihrem Rechnungswesen/Controlling übertragen. Legen Sie dann Intervallgrenzen für die Bereiche A, B und C fest. Zum Beispiel:

	Umsatz pro Jahr	Rendite
A-Kunden	> 250 000 Euro	> 9 %
B-Kunden	> 100 000 Euro	> 5 %
C-Kunden	≤ 100 000 Euro	≤ 5%

Für die ABC-Analyse bietet es sich an, ein Tabellenkalkulationsprogramme zu benutzen, da Sie so eine Vielzahl von Kategorien erfassen und auswerten können. Konzentrieren Sie sich dabei auf die für Sie relevanten Daten. Bedenken Sie bei der Auswertung der Daten, dass Sie Werte aus der Vergangenheit betrachten, und überlegen Sie, wie sich diese Werte zukünftig entwickeln werden. Idealerweise sollten Sie deshalb die ABC-Analyse mit anderen Verfahren zur Kundenbewertung kombinieren. Die ABC-Analyse kann außer für Analysen zu Kunden und Kundengruppen auch zur Betrachtung von Produkten und Produktgruppen, Lieferanten oder Absatzkanälen genutzt werden.

Hier einige Anregungen, wie Sie die so über Ihre Kunden gewonnenen Informationen für Ihre weitere Planung nutzen können:

➤ **Sie haben Kunden identifiziert, bei denen Sie erst wenig Umsatz machen.** Forschen Sie nach den Ursachen für die geringen Umsätze. Liegt es daran, dass es sich um Neukunden handelt, die erst langsam zu umsatzträchtigen Stammkunden aufgebaut werden, oder wurde hier von der Vertriebsseite zu wenig getan? Ist das entsprechende Umsatzpotenzial beim Kunden vorhanden, überlegen Sie, wie Sie es weiter ausschöpfen können. Fragen Sie auch direkt beim Kunden nach, wie der Umsatzanteil erhöht werden kann. Möglicherweise handelt es sich jedoch auch um Kunden, bei denen eine Ausweitung des Umsatzes bewusst nicht weiter forciert werden soll.

➤ **Sie haben Kunden identifiziert, die einen hohen Deckungsbeitrag liefern, aber einen geringen Umsatz.** Schenken Sie diesen Kunden mehr Aufmerksamkeit und versuchen Sie den Umsatz auszubauen. Spüren Sie weitere Verkaufschancen auf und bieten Sie zusätzliche Serviceleistungen an. Besteht Cross-Selling-Potenzial? Setzen Sie bei diesen Kunden Loyalitätsanreize, organisieren Sie einen Nachkauf-Service und forcieren Sie Wiederholungskäufe durch frühzeitiges Erkennen von Ersatzbedarf.

➤ **Sie haben Kunden identifiziert, die einen negativen oder sehr geringen Deckungsbeitrag liefern.** Hier müssen Sie sofort gegensteuern. Oft lässt sich durch Preisverhandlungen oder Senkung Ihrer Kosten (z.B. Verzicht auf bestimmte Leistungen, Reduzierung des Betreuungsaufwandes durch den Vertrieb) der Deckungsbeitrag erhöhen.

➤ **Sie stellen fest, dass Stammkunden nicht mehr bei Ihnen kaufen.** Dies ist ein sehr gefährliches Zeichen. Wenn Ihnen der Stammkundenverlust erst durch die Kundenanalyse bekannt wird, heißt dies, dass der Kunde vernachlässigt wurde. Weitere Ursachen können sein, dass sich die Situation Ihrer Stammkunden wesentlich geändert hat: Dramatische Verschlechterung ihrer Marktsituation, Standort- oder Eigentümerwechsel, Wettbewerber, die Ihre Stammkunden mit besseren Produkten bzw. deutlich günstigeren Konditionen zum Wechsel bewegen konnten. Auch die Substitution Ihres Angebotes ist denkbar, wie zum Beispiel vor einiger Zeit die weit gehende Ablösung von Schallplattenspielern durch CD-Player. Wichtig ist es, dass Sie zu Ihren Stammkunden engen Kontakt halten, um rechtzeitig diese Signale zu erkennen.

4.4 Stärken- und Schwächen-Analyse

Eine Möglichkeit, Informationen über Wettbewerber (im Vergleich mit dem eigenen Unternehmen) zu verdichten, ist die Stärken- und Schwächen-Analyse. Sie ist beispielsweise bei einer Neuprodukteinführung ein ideales Instrument, um Ihr Produktwissen zu verbessern und sich eine Strategie der spezifischen Produktvorteile zu erarbeiten. Listen Sie dazu Ihre Hauptwettbewerber auf und legen Sie Ihre Analysekriterien fest. Bewerten Sie dann die Stärken und Schwächen der Wettbewerber.

Beispiel für eine Stärken-Schwächen-Wettbewerbsanalyse:

Kaufentscheiden-des Merkmal	Wett-bewerber A	Wett-bewerber B	Wett-bewerber C	Ihr Produkt
Image	1	3	4	3
Service	2	2	4	2
Preis	2	2	1	2
Qualität	1	3	2	2
Lieferbarkeit	1	1	4	3

1= sehr gut, 2= gut, 3= zufrieden stellend, 4= mangelhaft

Hier wird deutlich, dass besonders Wettbewerber A mit seinem Produkt eine Reihe von Konkurrenzvorteilen hat (beim Image, bei der Qualität und bei der Lieferbarkeit). Zu Wettbewerber B liegt das Unternehmen in etwa gleichauf, mit einem leichten Vorteil bei der Qualität. Vor Wettbewerber C gibt es einen deutlichen Vorsprung.

Sie können auch Ihr Unternehmen oder Produkt als Bezugsmaßstab wählen und die anderen Unternehmen nach folgender Skala bewerten:

−1 = der Wettbewerber wird bei dem angegebenen Kriterium schlechter eingeschätzt als Ihr Unternehmen/Produkt

  0 = der Wettbewerber wird bei dem angegebenen Kriterium etwa gleich eingeschätzt wie Ihr Unternehmen/Produkt

+1 = der Wettbewerber wird bei dem angegebenen Kriterium besser eingeschätzt als Ihr Unternehmen/Produkt

Übersichtlich ist auch die grafische Darstellung in Form eines Profils:

Kriterien	-3	-2	-1	0	1	2	3
Produkt-Funktionalitäten			□		●		
Preise und Rabatte			□			●	
Lieferkonditionen			□	●			
Lieferzeit/Verfügbarkeit			●		□		
Kundendienst			●		□		
Versand/Auslieferung			●		□		
Werbliche Unterstützung				□			●

● Neues, eigenes Produkt   □ Konkurrenzprodukt

Das neue, eigene Produkt hat in diesem Beispiel Stärken bei den Produkt-Funktionalitäten und beim Preis. Die werbliche Unterstützung ist sehr gut. Nachholbedarf besteht vor allem noch bei der Lieferzeit und beim Kundendienst.

Der Vorteil der Stärken-Schwächen-Analyse: Sie haben die wesentlichen Stärken und Schwächen der Konkurrenz im Überblick und können Ihre Verkaufsargumentation genau darauf aufbauen. Auch Maßnahmen zur Produkt- oder Leistungsverbesserung oder zur Marktbearbeitung lassen sich aus einer solchen Analyse ableiten.

Denken Sie daran, dass die Beurteilung aus Kundensicht erfolgen muss. Sie können diese Untersuchungen für ganze Produktgruppen oder nur für einzelne Produkte durchführen oder die Befragung auch auf bestimmte Kundengruppen beschränken. Noch ein Hinweis: Wenn Ihr Produkt die bestmögliche Qualität hat, ist das häufig kein besonderes Merkmal mehr, da vom Kunden eine bestimmte Qualität bei allen Anbietern vorausgesetzt wird. Nur das Fehlen dieser erwarteten Qualität wird in solchen Fällen vom Kunden registriert.

Sie können das Modell der Stärken-Schwächen-Analyse auch nutzen, um sich mit Ihren Wettbewerbern anhand weiterer Kriterien, wie zum Beispiel Organisationsstruktur, Kapitalstärke, Kostenstruktur, Produktionsverfahren, Forschungs- und Entwicklungskompetenz usw. zu vergleichen. Sie erfahren so, welche eigenen Schwächen vorhanden sind, und können geeignete Maßnahmen zum Abbau dieser Schwächen einleiten.

4.5 SWOT-Analyse

Noch einen Schritt weiter als die Stärken-und-Schwächen-Analyse geht die so genannte SWOT-Analyse. Die SWOT-Analyse (von Strengths/Weaknesses und Opportunities/Threats) bezieht außer den Stärken und Schwächen des Unternehmens selbst noch Chancen und Risiken ein, die sich aus einer Analyse der Umwelt ergeben. Dabei werden technische, ökologische, rechtliche sowie soziale Trends berücksichtigt. Auch die Wettbewerbsstruktur und -dynamik der Branche, die Position der Wettbewerber in der Branche sowie Stärken und Schwächen der Hauptkonkurrenten können erfasst werden.

Bei der SWOT-Analyse erstellen Sie zunächst ein Stärken-Schwächen-Profil (vgl. Kapitel 4.4). Listen Sie dazu die Punkte, die für den Erfolg Ihres Unternehmens am wichtigsten sind, auf und bewerten Sie diesen nach einer Skala (zum Beispiel von 1 = sehr gut bis 6 = sehr schwach). Durch die Quantifizierung der eigenen Situation können Sie diese Werte zu einem späteren Zeitpunkt auch als Vergleichsbasis nutzen.

Vergleichen Sie dann Ihre eigenen Stärken und Schwächen mit den Ergebnissen Ihrer Konkurrenz-, Markt- und Trendbetrachtung (vgl. dazu Kapitel 2). Eine Chance ergibt sich, wenn eine Veränderung in der Unternehmensumwelt mit einer Stärke Ihres Unternehmens zusammenfällt. Fällt die Veränderung mit einer Schwäche zusammen, kann es für Sie ein Risiko bedeuten.

Ansatzpunkte für eine Chancen- und Risiken-Analyse:

Marktentwicklungen/Trends	
Chance	**Risiko**
Sie entwickeln ein neues Produkt in Ihrem Unternehmen.	Ihre Wettbewerber entwickeln ein neues Produkt.
Neue Zielgruppen entstehen.	Weitere Wettbewerber treten auf.
Neue Märke im Ausland erschließen sich.	Weitere Wettbewerber aus dem Ausland treten auf.
Die Konjunktur belebt sich.	Die Konjunktur lässt nach.
Gesetzliche Vorschriften werden gelockert.	Verschärfte oder neue einschränkende gesetzliche Regelungen treten in Kraft.

Anhand der SWOT-Analyse sollten Sie beurteilen können, wie und auf welche Weise Sie auf Veränderungen in der Unternehmensumwelt reagieren, sich gegen potenzielle Gefahren wappnen und Chancen nutzen können.

Sie sollten entscheiden, an welchen Punkten Sie handeln müssen:

➤ Passt Ihre Umsatzplanung zur ermittelten Marktsituation und zum ermittelten Marktpotenzial oder sollte die Planung geändert werden?
➤ Welche der zusätzlichen Umsatzquellen können Sie nutzen?
➤ Wie wollen Sie auf die festgestellten Chancen und Risiken reagieren?
➤ Wollen Sie Ihre Marktaktivitäten auf andere Länder ausweiten?

4.6 Portfolio-Analyse

Die Portfolio-Analyse zählt zu den am meisten verbreiteten Planungs- und Analyseinstrumenten des strategischen Management, und sie ist auch sehr gut in kleinen und mittelständischen Unternehmen einsetzbar. Die Idee kommt aus dem Bereich der Wertpapieranlagen. Unterschiedliche Kapitalanlagen werden nach Wachstum und Risiko bewertet und so kombiniert, dass sich ein Wertpapierdepot mit optimaler Risikomischung (ein Portfolio im Gleichgewicht) ergibt. Große Unternehmensberatungen wie die Boston Consulting Group oder McKinsey haben diese Methodik, Positionen mehrdimensional zu bewerten und sie in der Matrix zu veranschaulichen, auch auf Produkte, Produktgruppen, Geschäftsfelder, ganze Firmen (Wettbewerber) und sogar auf Länder übertragen.

Hier ein Beispiel für die Betrachtung von Produkten:

Für Ihre Umsatzplanung zu einzelnen Produkten ist es wichtig, sich nicht nur auf den derzeitigen Stand des Marktes zu konzentrieren, sondern auch nach der Größe des Marktwachstums zu forschen. Ihr Marktanteil und das Marktwachstum lassen sich gut in einem Portfolio darstellen, wie es die Boston Consulting Group entwickelt hat. Dieses Modell arbeitet mit den Kriterien „Marktwachstum" (als Ausdruck der Attraktivität eines Marktes) und „relativer Marktanteil" (als Ausdruck der Wettbewerbsposition eines Produktes oder eines ganzen Unternehmens).

Der relative Marktanteil Ihres Unternehmens wird auf der X-Achse (horizontal), das durchschnittliche Marktwachstum auf der Y-Achse (vertikal) dargestellt. Sie bilden damit die Attraktivität des Marktes und Ihre derzeitige Position am Markt ab.

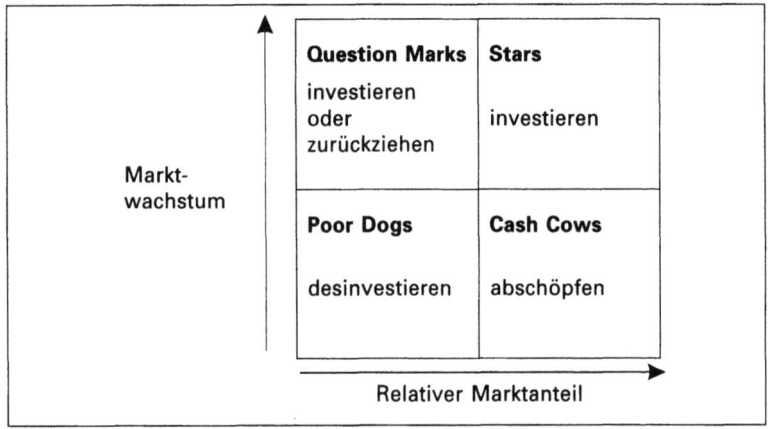

Abbildung 5:   Marktanteils-Marktwachstums-Matrix

Wählen Sie Produkte aus, die für Ihr Unternehmen wichtig sind und die Sie betrachten wollen. Bestimmen Sie die Marktanteile der zu betrachtenden Produkte (eigene oder Wettbewerber). Ermitteln Sie nun das Marktwachstum in der betrachteten Zielgruppe. Hierzu nützen Ihnen die Informationen, die Sie in Kapitel 2.3 zusammengetragen haben. Tragen Sie nun die Produkte als Kreise in das Diagramm ein. Anhand der Positionierung können Sie ablesen, ob es sich um Question Marks, Stars, Poor Dogs oder Cash Cows handelt und welche Strategien jeweils angebracht sind.

Die Question Marks (Fragezeichen) sind die großen Unbekannten. Der Marktanteil ist noch niedrig, das Marktwachstum jedoch hoch. Das Unternehmen muss sich fragen, warum es in diesem attraktiven Markt einen so geringen Marktanteil hat. Wenn es die Zukunftsprognose, die Wettbewerbssituation und die verfügbaren Mittel zulassen, sollten die Marketing- und Vertriebs-Aktivitäten hier verstärkt werden, um den Marktanteil entsprechend zu erhöhen. Wichtig ist es, hier aktiv zu werden und nicht abzuwarten, bis die Wettbewerber sich hohe Marktanteile gesichert haben und das Marktwachstum wieder nachlässt. Für den Vertrieb bedeutet der Verkauf eines neuen Produktes häufig erst einmal, Vorurteile beim Kunden aus dem Weg zu räumen und ihn mit den Vorteilen des neuen Produktes vertraut zu machen. Sollte die Zukunftsprognose für das Produkt negativ sein, ist es besser, das Produkt vom Markt zu nehmen – bevor Verluste auflaufen.

Die Stars (Sterne) sind Produkte, deren Marktanteil und Marktwachstum hoch ist. Ein Ende der positiven Entwicklung ist nicht in Sicht. Das Produkt ist schon gut platziert, dennoch sollten weitere Kunden akquiriert werden, da der Markt noch wächst und die Wettbewerber versuchen werden, sich einen größeren Marktanteil zu sichern. Auch die bestehenden Kunden müssen gepflegt werden, da die Wettbewerber in diesen Fällen häufig versuchen, über den Preis Marktanteile zu gewinnen.

Die Cash Cows (Kühe) sind etablierte Produkte und Dienstleistungen, die im Moment sehr erfolgreich sind. Viele Wettbewerber kämpfen um die Gunst der Kunden. Der Markt wächst jedoch kaum noch, beziehungsweise wird in der nächsten Zeit sogar schrumpfen.

Hier sollte sich der Vertrieb darauf konzentrieren, möglichst viele dieser Produkte zu verkaufen, bevor sie zu Ladenhütern werden. Die gesammelten Informationen über Kundenbedürfnisse und Trends müssen dazu genutzt werden, ein Nachfolgeprodukt zu entwickeln und dessen Markteinführung zu planen. Wichtig ist es, einen guten Kontakt zu den Kunden zu halten, da ihnen ja in Kürze ein neues Produkt angeboten werden soll.

Die Poor Dogs (arme Hunde) sind Produkte, die nicht mehr gefragt sind. Der Marktanteil ist niedrig und der Markt schrumpft. Haben Sie von diesen Produkten noch Lagerbestände, so sollten Sie diese schnellstmöglich abverkaufen – notfalls auch unter Herstellkosten – um Lager- und eventuelle Entsorgungskosten zu vermeiden.

Die Portfoliotechnik ist ein gutes, übersichtliches Instrument, um die Marktwachstums- und Marktanteil-Situation bildhaft darzustellen und daraus Handlungsstrategien abzuleiten. Durch Erhöhung Ihres Marktanteils können Sie auch in einem stagnierenden Markt noch Wachstumchancen nutzen. Aber wie auch bei der ABC-Analyse gilt: Verlassen Sie sich nicht allein auf diese eine Methode, sondern kombinieren Sie sie mit anderen, um eine größere Aussagekraft zu erreichen.

Weitere Kriterienpaare für die Anwendung der Portfoliotechnik bei der Kundenanalyse sind:

➤ Wachstum des Kundenumsatzes / eigener Lieferanteil beim Kunden
➤ Einkaufsbudgets/-potenziale / eigener Lieferanteil beim Kunden
➤ Umsatzanteile der Kunden / Kunden-Umsatzrenditen (Deckungsbeiträge der Kunden in Prozent vom Kundenumsatz)

5 Schluss mit der Einbahnstraße: Wie Sie Informationen im Unternehmen weitergeben

In den Unternehmen sind die vertriebsrelevanten Informationen häufig über verschiedene Abteilungen verstreut. Informationen über die Kunden werden von den Außendienstmitarbeitern meist selbst verwaltet, und der Datenfluss zwischen Innen- und Außendienst ist in vielen Fällen bruchstückhaft. Informationen über Markt und Wettbewerber werden in Aktenordnern aufbewahrt, die einmal angelegt, aber dann nie mehr aufgeschlagen werden.

Um sicherzustellen, dass die wesentlichen Informationen an die richtigen Stellen im Unternehmen gelangen, haben Sie verschiedene Möglichkeiten, zum Beispiel:

➤ standardisierte Formulare,
➤ ein Vertriebsinformationssystem,
➤ das Intra- und Extranet des Unternehmens.

Wie das im Einzelnen funktioniert, erfahren Sie im Folgenden.

5.1 Formulare

Formulare lassen sich zu verschiedenen Zwecken einsetzen, zum Beispiel für Außendienstberichte (vgl. Kapitel 3.1), Berichte über Beschwerden (vgl. Kapitel 3.4) oder über Messen (vgl. Kapitel 3.5). Hier eine Einsatzmöglichkeit für Anregungen zur Produktentwicklung.

Verkäufer werden von den Kunden häufig mit Forderungen nach neuen oder geänderten Produkten konfrontiert. Es ist dann zu beurteilen, ob es sich um einzelne Sonderwünsche handelt oder ob sich hier ein neuer Trend entwickelt. Viel Geld kann gespart werden, wenn das Wissen im Vertrieb über die Bedürfnisse und Wünsche der Kunden stärker in Neu- und Produktweiterentwicklungen einbezogen wird. Aber auch die Nachfrage des Kunden nach bestimmten, noch nicht angebotenen Serviceleistungen sollte berücksichtigt werden. Leider werden diese Hinweise vom Verkauf oder Außendienst nicht immer konsequent an die Mitarbeiter in Forschung & Entwicklung und Marketing weitergegeben. So gehen viele Informationen der Kunden verloren, die eine frühzeitige Ausrichtung des Angebotes auf veränderte Marktbedingungen und Kundenbedürfnisse ermöglichen würden.

Ein Kunde kaufte sich ein Notebook in einem großen Computermarkt. Er wollte diesen tragbaren Computer an sein Keyboard anschließen und ein Musik-Bearbeitungsprogramm nutzen. Um Keyboard und Notebook miteinander zu verbinden, wurde ein Kabel benötigt. Auf die Frage nach dem Kabel erntete der Kunde in mehreren Computer-Fachgeschäften nur erstaunte Blicke. Den Verkäufern war dieses Kabel völlig unbekannt. Dem Kunden wurden ersatzweise aufwändige und teure Hard- und Softwarekonstruktionen angeboten, um die gewünschte Verbindung zwischen Notebook und Keyboard herzustellen. Daraufhin recherchierte der Kunde selbst im Internet. Das erstaunliche Ergebnis: Ein Versandhaus bot neben dem üblichen Sortiment an Bekleidung, Möbeln, Unterhaltungselektronik etc. auch das gewünschte Kabel an.

In diesem Beispiel wird ein vom Kunden verlangtes Produkt nicht im Sortiment geführt. Das bedeutet: Nach dieser enttäuschenden Erfahrung wird der Kunde, wie vermutlich andere Kunden auch, sich nicht mehr an die Computermärkte wenden, sobald es um die Kombination Computer und Musik geht, sondern seinen Bedarf im allgemeinen Versandhandel oder in Musikfachgeschäften decken. Es ist deshalb von großer Bedeutung, dass die Verkäufer die nicht zu realisierenden Kundenwünsche an die Einkaufsabteilung weitergeben, damit das Sortiment entsprechend abgerundet werden kann.

Für die Erfassung und Weitergabe von Kundenwünschen müssen keine komplizierten Systeme entwickelt werden. Ein einfaches Formular, in dem der Kundenwunsch kurz beschrieben wird, reicht häufig für die Weitergabe an die Einkaufs- beziehungsweise Entwicklungsabteilung aus. Dort sollten die Informationen registriert und je nach Häufigkeit der Anforderungen, Realisierbarkeit und wirtschaftlichem Nutzen, können dann die entsprechenden Entscheidungen getroffen werden. Ein Formular für die Erfassung von Kundenwünschen könnte beispielsweise so aussehen:

Kunden-Vorschlag
für neue bzw. geänderte Produkte und
Service-Leistungen
– Muster –

Interessent: ☐   oder bereits **Kunde:** ☐
                        wenn ja, **Kd.-Nr.** _____

Name des Interessenten/Kunden: _____

Anschrift _____

Kategorie des Wunsches:
bestehendes Produkt/Leistungsangebot ändern: ☐
neues Produkt gewünscht: ☐
neue Service-Leistung gewünscht: ☐

Kurzbeschreibung:
Um welche/s Produkt/Leistung geht es?
_____
_____

Welche Änderung/Neuentwicklung wird erwartet?
_____
_____

Hat der Interessent/Kunde bereits eine **Preisvorstellung** für diese Leistung? Wenn ja, welche? Ca. _____ Euro

_____   _____
Datum   Mitarbeiter

5.2 Vertriebsinformationssystem

Ein Vertriebsinformationssystem dient zur Erfassung und Archivierung einer Vielzahl von relevanten Kunden- und Wettbewerbsinformationen. Ausgestattet mit einer zentralen Datenbasis stellt es sicher, dass die für den Vertrieb wichtigen Daten jederzeit abrufbereit und für alle betroffenen Mitarbeiter zugänglich sind. Ein besonderer Vorteil einer zentralen und umfassenden Informationsdatenbank über alle Kunden, Interessenten und Wettbewerber ist, dass das Wissen nicht mehr von einzelnem Personen abhängig ist. Zeitaufwändiges Nachfragen kann so reduziert werden. Über die Kundenhistorie ist ein schneller Rückblick auf alle Kontakte mit dem Kunden möglich. Außerdem wird die Abwicklung von Kundenabfragen und die Angebotserstellung einfacher und einheitlicher. Das Unternehmen transportiert ein einheitlich abgestimmtes Erscheinungsbild nach außen.

Die Ziele

Das Vertriebsinformationssystem sollte aktuelle und umfassende Informationen über Kunden und Interessenten enthalten und so:

➤ die Konzentration auf Gewinn bringende Kunden,
➤ eine schnelle Angebotserstellung und Erledigung der Kundenkorrespondenz,
➤ die Entlastung von Routinetätigkeiten (die zu mehr Zeit für den aktiven Verkauf führt),
➤ ein effektives Besuchstermin- und Aufgabenplanungssystem,
➤ eine einfache und schnelle Durchführung von Mailingaktionen mit genauer Zielgruppenselektion

ermöglichen.

Die zentrale Erstellung von Kunden- oder Wettbewerberprofilen ermöglicht durch die einheitliche Struktur eine schnelle Vergleichbarkeit. Das System sollte dem Nutzer die hinterlegten Wettbewerbs- oder Kundendaten rasch und ohne großen Rechercheaufwand liefern. Denn sind entscheidungsrelevante Informationen nur mit größerem Aufwand zugänglich, so besteht die Gefahr, dass nur die leicht erschließbaren Daten genutzt werden.

Die Anforderungen an ein Informationssystem

Die grundlegenden Anforderungen an ein Informationssystem sind:

➤ Es liefert aktuelle Informationen.

➤ Es enthält und verknüpft interne und externe Informationen.

➤ Es besitzt eine intuitiv bedienbare Benutzeroberfläche.

➤ Der Benutzer kann die Tiefe und Breite der dargestellten Informationen bestimmen.

➤ Die Merkmale werden einheitlich erfasst (ist besonders wichtig, wenn diese aus anderen Systemen in das Infosystem gelangen, denn erst durch die Vereinheitlichung sind Vergleiche möglich).

➤ Es ist zielorientiert (bewusste Ausrichtung des Systems am Informationsbedarf).

➤ Es läuft technisch stabil (Zugriff bei Bedarf immer möglich, keine Datenverluste).

Bei der Auswahl des Informationssystems empfiehlt es sich, darauf zu achten, dass ein weiterer Ausbau des Systems möglich ist, ohne dass zu Beginn gleich komplett alle Funktionen gekauft werden müssen. Auch die Kompatibilität mit bereits vorhandenen Systemen und der Trainingsaufwand für die Benutzer sollten berücksichtigt werden.

CRM-Systeme

In diesem Zusammenhang spielt der Begriff „Customer Relationship Management" (CRM) eine zentrale Rolle. In den vergangenen Jahren wurden zahlreiche Customer-Relationship-Management-Projekte in Angriff genommen. Und auch kleine und mittelständische Unternehmen kommen an der Einführung von CRM kaum noch vorbei. Eine CRM-Software bietet eine gute Basis, sie ist aber kein Garant für ein erfolgreiches Kundenbeziehungs-Management. Diese Erfahrung mussten Firmen machen, die in der ersten Euphorie CRM als reines Software-Projekt gesehen und die internen Geschäftsprozesse nicht entsprechend überprüft und an ein professionelles Kundenbeziehungs-Management angepasst haben. Die CRM-Projekte brachten in diesen Fällen nicht den erhofften Erfolg, sondern führten zur Generierung von Datenfriedhöfen.

Ein CRM-System verknüpft idealerweise die verfügbaren Daten so, dass sich zum Beispiel Vertriebs- und Kundenservice-Kosten senken und/oder Umsatz und Rendite erhöhen lassen. Die Erhöhungen können auf zwei Wegen erfolgen:

a) höherer Umsatz pro Kunde:
   - durch das Erkennen weiterer Verkaufs- und Servicechancen (z.B. Cross-Selling)
   - durch bessere Kundenkenntnis sind individuellere und damit erfolgreichere Angebote möglich
   - durch Individualisierung besteht die Chance, höhere Preise durchzusetzen
   - frühzeitiges Erkennen von Ersatzbedarf

b) höherer Umsatz durch neue Kunden
   - durch schnellere Angebotserstellung für Interessenten
   - durch Individualisierung der Angebote

Durch den schnellen Zugriff auf alle Kundendaten kann die Dauer der einzelnen Kundenkontakte gesenkt werden und dies bei gleichzeitiger Erhöhung des Bestellwertes. Eine CRM-Software hat den Vorteil, dass alle Kundendaten im System nur einmal erfasst werden müssen, doppelte Daten vermieden werden und alle berechtigten Benutzer Zugriff haben.

Überlegen Sie vor der Einführung des Systems zunächst, welche Vorfälle Sie erfassen möchten. Hier ist an Bestellungen, Auftragserfassung, Abrechnung und weitere Geschäftsvorfälle zu denken. Definieren Sie die Kriterien (wie zum Beispiel Branche, ABC-Klassifizierung, Kundentyp), nach denen Sie Ihre Kunden selektieren wollen, und erfassen Sie diese Kriterien in einem Pflichtenheft. Entsprechend sollten Sie dann auch die Eingabemasken für die Erfassung der Daten selbst gestalten oder gestalten lassen.

Sinnvoll kann auch die Belegung von Datenfeldern mit persönlichen Daten der Kunden wie zum Beispiel Geburtstagen und Jubiläen sein. Diese können die Kommunikation mit dem Kunden unterstützen und ermöglichen es zum Beispiel, ein Glückwunsch-schreiben an alle Kunden zu verschicken, die in der folgenden Woche Geburtstag haben. Allerdings gilt es auch hier die jeweils gültigen Datenschutz-Vorschriften zu beachten.

Für jeden Kunden können die bisherigen Geschäftsvorfälle differenziert betrachtet und analysiert werden. Ebenso ist es möglich, auf Grund der ausgewählten Kriterien spezielle Kundengruppen zu bilden, die durch die Zusammenfassung eine rationellere Bearbeitungsweise ermöglichen. Die Analyse der Kundengeschäftsvorfälle kann sich beziehen auf:

- bisher bestellte Produktarten (Einzelprodukte und Artikelgruppen)
- Wertkennzahlen (Deckungsbeitrag, ABC-Analyse)
- aktuelle Angebote
- laufende Verträge
- bereits erteilte Aufträge
- Liefersituation
- Preise, Konditionen
- Umsatz

Auf Grund der Analyse der historischen Geschäftsvorfälle ist es möglich, eine Bedarfsprognose und eine Potenzial-Analyse vorzunehmen. Das Informationssystem unterstützt den Vertrieb nicht nur bei der Angebots- und Auftragserfassung. Durch eine integrierte Kreditlimit-Überwachung kann auch die Bonitätseinstufung des Kunden berücksichtigt werden. Alle Aufträge werden auch nach ihrer Erledigung im Archiv gespeichert. So kann auf die Kundenhistorie jederzeit schnell zurückgegriffen werden.

Um die Kunden- und Wettbewerbsinformationen immer auf dem aktuellen Stand zu halten, ist das System so auszurichten, dass die Daten sofort problemlos aktualisiert und ergänzt werden können. Hier müssen die Zugriffsrechte der Mitarbeiter entsprechend geregelt werden.

Unabhängig davon, ob es bei der Einführung eines unternehmensweiten Informationssystems um Kunden- oder Wettbewerbsinformationen geht, ist der erste Schritt die Zusammenführung der bereits meist dezentral in verschiedenen Abteilungen des Unternehmens existierenden Informationssammlungen. Die bei der Zusammenführung häufig doppelt auftretenden Daten müssen entsprechend bereinigt werden. Halten Sie die Datenflut im Auge: Überprüfen Sie im Rahmen der Zusammenführung den Nutzen der jeweiligen Informationssammlungen und löschen Sie unnötige Daten.

Achten Sie auf Dubletten, wenn Sie im Informationssystem die firmeninternen Adressbestände und die von Adressverlagen erworbenen Adressen zusammenführen. So können Sie Porto (und Ärger) sparen, wenn Sie Mailingaktionen durchführen. Mehrere Ansprechpartner pro Kundenunternehmen müssen im System darstellbar sein. Eventuell sollte auch eine grafische Darstellung der Hierarchie möglich sein.

Sorgen Sie dafür, dass der elektronische Datenaustausch zwischen Unternehmen und Außendienst möglich ist. Innen- und Außendienst können so mit den gleichen Daten an verschiedenen Orten arbeiten. Es wird dann eine DFÜ-Verbindung hergestellt, über die die Stammdaten aktualisiert, Aufträge und Abfragen weitergeleitet und der Stand der Auftragsabwicklung abgefragt werden können.

Checkliste: Anforderungen an eine Vertriebsinformationssoftware

- ☑ Schrittweiser Ausbau zu einer unternehmensweiten Gesamtlösung möglich
- ☑ Definitionsmöglichkeit kritischer Zustände (z.B. fehlender Nachfolgeauftrag)
- ☑ Freie Definition von Branchencodes und Zuordnung mehrerer Branchen zu einer Adresse
- ☑ Erfassung von mehreren Telefonnummern pro Adresse
- ☑ Erfassung von mehreren Adressen pro Kunde
- ☑ Erfassung von Personendaten (mehrere Ansprechpartner), dadurch ist die Erstellung personalisierter Serienbriefe möglich
- ☑ Erfassung von Firmen, Firmengruppen und Konzernstrukturen (Umsatz eines Konzerns je Firma auswertbar)

Fazit

Ein unternehmensweites vertriebsorientiertes Informationssystem hat für den Außendienst viele Vorteile. Durch die schnelle und ständige Verfügbarkeit aktueller Daten wird ein Kompetenzgewinn gegenüber den Kunden erreicht und die Planung und Steuerung der eigenen Marktaktivitäten erleichtert und beschleunigt. Eine systematische Marktbearbeitung wird möglich, denn auf Grund des ermittelten Kundenpotenzials können die richtigen Prioritäten gesetzt und so die Erfolgsquote der Verkaufsabschlüsse erheblich verbessert werden. Die durch die Entlastung von Verwaltungstätigkeiten und von der zeitaufwändigen Suche nach Informationen gewonnene Zeit kann für die aktive Kundenbetreuung genutzt werden. Die höhere Transparenz der Vertriebsaktivitäten sollte vom gesamten Unternehmen genutzt werden, um den Außendienst bei seinen Aufgaben zu unterstützen und so die häufig geäußerte Befürchtung von Außendienstmitarbeitern, durch ein solches System nur stärker kontrolliert zu werden, zu entkräften und den Vorteil für alle Beteiligten deutlich zu machen.

Aber: Jedes Vertriebssystem kann nur so gut sein, wie die Daten, die es erhält. Deshalb ist es entscheidend, die relevanten Informationen auch zu erfassen und immer zu aktualisieren – und zwar auch dann, „wenn's schnell gehen muss". Falls die Eintragungen generell zu zeitaufwändig sind, dann sollten Sie überprüfen, wie Sie diese besser organisieren können (z.B. die Eingabemaske überarbeiten), um ein schnelleres Arbeiten zu ermöglichen. Vergessen Sie auch nicht, dass der konsequente und erfolgreiche Einsatz eines technischen Informationssystems kaufmännisches Fingerspitzengefühl nicht überflüssig macht.

5.3 Intranet und Extranet

Eine weitere Möglichkeit, Informationen im Unternehmen und unternehmensnah weiterzugeben, sind Intra- und Extranets. Mit Intranet bezeichnet man das unternehmensinterne Informations- und Kommunikationsnetz auf Basis der Internet-Protokolle. Das Extranet ist eine Erweiterung des Intranets. Hiermit können auch externe Nutzer (zum Beispiel Außendienstmitarbeiter des Unternehmens) eine (meist beschränkte) Zugriffsmöglichkeit auf das Intranet erlangen. Über ein Extranet können darüber hinaus Außenstehenden wie Zulieferern, Partnerfirmen oder Kunden eines Unternehmens bestimmte betriebliche Daten kontrolliert zugänglich gemacht werden.

Intra- und Extranet eignen sich dafür,

➤ im Unternehmen vorhandene, aber über verschiedene Abteilungen verstreute Informationen zentral und für die Mitarbeiter zugänglich abzulegen, wie zum Beispiel Formulare, Listen, Rundschreiben, Prospekte, Produktbeschreibungen, Vorschriften und Schulungsmaterialien.
➤ aktuelle Markt- und Brancheninformationen zu verbreiten.
➤ über Neuerungen im Unternehmen zu informieren.
➤ Mitarbeiterbefragungen durchzuführen.

Ein Versicherungsunternehmen analysierte zunächst den Informationsbedarf seiner Innendienstmitarbeiter, seiner selbstständigen Außendienst- und Vertriebspartner und seiner Kunden. Die Internetauftritte von 22 Wettbewerbern wurden einer detaillierten Vergleichsstudie unterzogen. Man führte Kunden- und Mitarbeiterbefragungen durch und die Anforderungen der verschiedenen Fachbereiche wurden zusammengetragen. Nach Ermittlung des unterschiedlichen Informationsbedarfs entschied sich das Unternehmen für die Einrichtung von drei zielgruppenorientierten Service- und Informationsebenen:

Mitarbeiter – Intranet

Für die Mitarbeiter wurde eine Informations- und Transaktionsebene in der Form eines Intranets geschaffen. Hier können zum Beispiel die neuesten Rundschreiben abgerufen, Fach- und Produktinformationen eingesehen, Anmeldungen für Schulungen erfolgen und Arbeitsmaterial online bestellt werden.

Vertriebspartner – Extranet

Für die selbstständigen Außendienst- und Vertriebspartner wurde ein Extranet eingerichtet, das sich an den im Intranet bereits eingesetzten Techniken und Erfahrungen orientiert. Hier werden zum Beispiel für die Bereiche Krankenversicherung und Lebensversicherung speziell aufbereitete Beraterinformationen zum Abruf bereitgehalten. Rundschreiben und alle relevanten Formulare werden angeboten. In einem Download-Bereich können personalisierte Bestandsdaten und Angebotsprogramme abgerufen werden.

Kunden – Internet

Für die Kunden wurde eine Informations- und Serviceseite im Internet geschaffen, auf der detaillierte Produktinformationen zu finden sind. Außerdem können die Kunden über die Website Kontakt mit dem Unternehmen aufnehmen und beispielsweise konkrete Angebote anfordern, die Änderungen der Adresse oder Bankverbindung mitteilen, Schadensmeldungen abgeben oder eine Versicherungsbestätigung für die Kfz-Zulassungsstelle anfordern.

6 Recherche-Beispiele: So funktioniert's in der Praxis

Das folgende Kapitel beschreibt vier Beispiele, die zeigen, wie Firmen in konkreten Fällen bei der Vertriebsrecherche vorgegangen sind und wie sie die gefundenen Informationen als Basis für Vertriebsentscheidungen genutzt haben.

6.1 Beispiel: Trends erkennen und nutzen

Ausgangssituation

Gegen Ende des Jahres 1999 eröffnete ein Händler im Zentrum einer süddeutschen Großstadt einen Handy-Laden. Das Geschäft lief sehr gut. Fast 100 Karten-Verträge pro Monat konnten in dieser Zeit abgeschlossen werden und dies, obwohl in der näheren Umgebung noch andere Mobilfunk-Läden zu finden waren. Zwei Jahre später sah die Situation völlig anders aus. Der Absatz war zusammengebrochen. Nun kam nicht einmal die Hälfte der früheren Kartenverträge zu Stande. Verträge konnten fast nur noch mit den Kunden geschlossen werden, die den Anbieter wechseln oder von Prepaid-Angeboten auf feste Verträge umsteigen wollten. Neukunden kamen kaum noch. Einige Wettbewerber in der Umgebung hatten inzwischen ihre Läden wieder geschlossen.

Informationsbedarf

Der Inhaber des Mobilfunk-Ladens stand im Juni 2002 vor der Entscheidung, ob er sein Geschäft auf Grund der schlechten Absatzlage schließen sollte oder ob eine Weiterführung des Ladens lohnend sein würde.

Um diese Entscheidung treffen zu können, suchte er Antworten auf folgende Fragen:

➤ Wie wird sich der Markt zukünftig entwickeln?
➤ Welche Trends beeinflussen das Geschäft und wie lassen sich diese Trends erfolgreich nutzen?
➤ Ist eine Ausweitung des Sortiments sinnvoll?

Informationssammlung

a) Recherche in firmeninternen Unterlagen

Anhand seiner firmeninternen Umsatzstatistik hatte der Händler sich bereits einen detaillierten Überblick über die Entwicklung seines Geschäftes in den letzten 24 Monaten verschafft und einen Umsatzrückgang von gut 50 Prozent festgestellt.

b) Recherche im Internet

Der Händler bat einen seiner Mitarbeiter, der bereits über Recherche-Kenntnisse und -Erfahrungen verfügte, im Internet nach interessanten Marktstudien zu suchen.

Der Mitarbeiter ging bei der Recherche folgendermaßen vor:

➤ **Die Definition der Suchbegriffe:** *„Telekommunikation"* war als Suchbegriff zu breit und würde zu viele irrelevante Treffer hervorbringen. Das Wort *„Mobilfunk"* umfasste zwar auch noch sehr viele Themenbereiche, ließ sich aber durch die Eingabe weiterer Suchbegriffe präzisieren. Da die Begriffe „Marktstudie" und „Marktanalyse" oft als Synonyme verwendet werden, wollte der Mitarbeiter beide Begriffe bei seiner Suche berücksichtigen. Da der Händler nur an den Entwicklungen auf dem deutschen Markt interessiert war, wählte der Mitarbeiter auch noch das Wort „Deutschland" als Eingrenzung aus.

➤ **Die Nutzung der Suchmaschine:** Für den Einstieg in die Internetrecherche nutzte er die Suchmaschine Google. Zuerst gab er die Worte *„mobilfunk"* und *„deutschland"* in die Suchzeile ein, da diese Worte in jedem Fall in dem Dokument vorkommen sollten. Außerdem sollte entweder das Wort „marktanalyse" oder das Wort „marktstudie" auf den gefundenen Websites erscheinen. Um dies zu erreichen, setzte er zwischen die beiden Begriffe den Befehl „OR", der dafür sorgt, dass auch die Seiten angezeigt werden, auf denen nur eines der beiden Worte auftaucht. Außerdem wählte der Mitarbeiter die Option „nur Seiten auf Deutsch".

➤ **Der richtige Link:** Er erhielt eine Ergebnisliste mit über 600 Treffern. Unter den ersten 20 angezeigten Treffer stieß er auf einen Link, der mit dem Vermerk „Marktdaten" zur Website der Firma Ericsson führte. Dort listete der Mobilfunkkonzern Zahlen und Fakten zum deutschen Telekommunikationsmarkt auf. Auf der Website befanden sich auch Verweise zu den Quellen der dort angegeben Marktdaten wie Forsa, Seven One interactive, Focus Medialine und BITKOM.

In den Studien wurde ein weiteres Wachstum des Mobilfunkmarktes prognostiziert. Auf Grund des bereits hohen Abdeckungsgrads in Deutschland von circa 67,8 Prozent (Mobilfunkkunden in Deutschland Ende 2001) würde der Marktzuwachs jedoch geringer ausfallen als in den vergangenen Boom-Jahren. Da die Prognosen von den unterschiedlichen Analysen bestätigt wurden, stellte der Mitarbeiter die wichtigsten Kennzahlen für den Händler zusammen.

c) Recherche in Fachzeitschriften

Der Händler hatte währenddessen die Berichte in den Fachzeitschriften verfolgt. Bereits im Telekommunikationsgesetz von 1996 wurden die Netzbetreiber verpflichtet, Kunden, die den Mobilfunkbetreiber wechseln wollen, die Mitnahme der Mobilrufnummer zu ermöglichen. Aus technischen Gründen wurde die Umsetzung von der zuständigen Regulierungsbehörde für Telekommunikation und Post (RegTP) immer wieder ausgesetzt. Doch seit dem 01.11.2002 ist die Rufnummern-Mitnahme für wechselwillige Kunden möglich. Der Verlust der gewohnten Rufnummer war für viele Handykunden in der Vergangenheit ein Grund, beim bisherigen Anbieter zu bleiben. Nachdem dieser Grund weggefallen war, fürchteten die Mobilfunkbetreiber, die Kundenbindung könne schwinden. Für die Händler lag hier aber eine Chance für neue Vertragsabschlüsse. Die

Frage war: Wie groß würde die Wechselbereitschaft der Kunden sein? Dabei war auch zu berücksichtigen, dass Mobilfunkverträge häufig eine Laufzeit von 24 Monaten haben, so dass ein Wechsel der Kunden zu unterschiedlichen Zeitpunkten möglich würde.

d) Recherche während eines Messebesuches

Der Händler besuchte eine internationale Fachmesse für Telekommunikation und Informationstechnik. Er war auf der Suche nach Trends und neuen Ideen für sein Geschäft, deshalb besuchte er nicht nur die Messestände der ihm bekannten Handy-Hersteller und Netzbetreiber, sondern ging auch auf Anbieter ganz anderer Produkte zu. An einem dieser Messestände sprach ihn ein Verkäufer an. Er stellte dem Händler sein Angebot an Navigationssystemen und Routenplanern vor. Neben den Navigationssystemen für Autos wurde auch eine weitere Nutzungsart deutlich. Der Händler erinnerte sich an einen Artikel über die Fachmesse Outdoor, den er kurz zuvor in einer Tageszeitung gelesen hatte. Dort war über deutliche Umsatzzuwächse bei GPS-Handempfängern berichtet worden, denn neben Weltreisenden und Abenteurern fänden immer mehr Radfahrer und Wanderer Gefallen an den satellitengestützten Navigationssystemen.

Auswertung der Recherche-Ergebnisse

Der Händler verglich seine eigene Umsatzstatistik mit den Daten des Mobilfunkmarktes in Deutschland. Er stellte dabei fest, dass die Entwicklung seines Geschäftes der Branchenentwicklung entsprach. Der Händler schloss damit aus, dass der Umsatzrückgang auf eigene Fehlentscheidungen oder Standortnachteile zurückzuführen war. Die Prognosen gingen von weiterem, wenn auch geringerem Wachstum aus. In der Umsetzung des Telekommunikationsgesetzes sah der Händler eine neue Chance, wieder mehr Mobilfunkverträge abzuschließen.

Der Trend zur Verwendung von Navigationssystemen und Routenplanern könnte nach Ansicht des Händlers eine interessante Ergänzung seines Angebotes darstellen.

Aktion

Auf Grund der prognostizierten Marktentwicklung und der aufgedeckten Chancen entschied sich der Händler, sein Geschäft weiterzuführen. Er informierte sich darüber, wie er die Rufnummernmitnahme möglichst schnell für seine Kunden mit den Netzbetreibern abwickeln könnte. Außerdem nahm er Kontakt mit den Anbietern von Navigationssystemen und Routenplanern auf und erteilte seinem Mitarbeiter den Auftrag, detaillierte Angaben über den Markt für Navigationssysteme und Routenplaner herauszusuchen.

6.2 Beispiel: Wettbewerbsanalyse

Ausgangssituation

Der Inhaber mehrerer kombinierter Garten-Baumarkt-Center plante die Eröffnung eines weiteren Geschäftes in Norddeutschland.

Informationsbedarf

Um das geeignete Sortiment für den neuen Standort festzulegen, benötigte er nähere Informationen über den Bedarf der Kunden und das Angebot der Wettbewerber in dieser Region.

Informationssammlung

a) Recherche durch ein externes Unternehmen

Da das Unternehmen über keine eigene Marktforschungsabteilung verfügte, wurde die Zusammenarbeit mit einem externen Marktforschungsinstitut geplant. Der Unternehmer hatte sich bei Kollegen bereits umgehört, mit welchen Instituten bei ähnlichen Fragestellungen gute Erfahrungen gemacht worden waren. Er setzte sich mit einem der empfohlenen Institute in Verbindung. In einem genauen Briefing erläuterte der Unternehmer seinen Informationsbedarf. Auch Termine und Preisvorstellungen wurden abgestimmt. Gemeinsam wurde dann ein Fragebogen für eine repräsentative Kundenumfrage entwickelt. Das Marktforschungsinstitut führte die Umfrage durch. Nach der statischen Auswertung wurden dem Unternehmer die Umfrageergebnisse vorgelegt.

b) Eigene Recherche vor Ort

Das Sortiment der Wettbewerber wollte der Unternehmer sich selbst in den verschiedenen Garten- und Baumärkten der Region näher ansehen und analysieren. Um nicht beim einfachen „Durchschlendern" durch falsche Wahrnehmung zu verzerrten Ergebnissen zu kommen oder Dinge zu übersehen, entwickelt er anhand des Sortiments seiner bereits bestehenden Geschäfte eine Checkliste. Er prüfte sowohl in der Baumarktabteilung als auch im Gartencenterbereich die Sortimentsbreite und die Sortimentstiefe. Der Unternehmer hatte sich dafür jeweils einige Standardprodukte aus allen Sortimentsbereichen herausgesucht, nach denen er das Angebot der Wettbewerber durchsuchte.

Auswertung der Recherche-Ergebnisse

Die Umfragen ergaben, dass die Kunden mit dem Angebot und den Leistungen der bereits bestehenden Baumärkte zufrieden waren und ihren Bedarf dort auch weiterhin decken wollten. Es zeigte sich jedoch, dass die Kunden sich ein umfassenderes Angebot von Pflanzen wünschten. Viele Kunden beklagten, dass zwei große Gärtnereien aus der Umgebung in der letzten Zeit geschlossen hatten und in den Gartenmärkten nur ein Standardangebot an Pflanzen zu finden sei, welches das verloren gegangene Sortiment der geschlossenen Gärtnereien nicht abdecken würde.

Die Ergebnisse der Umfrage wurden von den Erfahrungen des Unternehmers, die er bei der Besichtigung der Wettbewerber vor Ort gesammelt hatte, bestätigt. Das Angebot im Gartenbereich war das übliche Standardangebot. Pflanzen, die eine besondere Pflege und einen besonderen Standort benötigten, fehlten im Sortiment. Diese wurden aber von vielen Pflanzenliebhabern nach Wegfall der Gärtnerei-Angebote vergeblich gesucht. Auch das fehlende Schnittblumen-Angebot wurde von den Kunden bemängelt.

Aktion

Auf Grund der Rechercheergebnisse entschied sich der Unternehmer, in seinem neuen Garten- und Baumarktcenter den Schwerpunkt des Sortimentes in den Gartenbereich zu legen. Er nahm Pflanzen ins Sortiment, die bisher nicht zu dem üblichen Standardangebot in Gartencentern zählten, und richtete eine extra Abteilung mit Schnittblumen ein. Um die Beratungswünsche der neuen Kundenschichten zu erfüllen, stellte der Unternehmer einen Gärtner und eine Floristin ein. Er gewann dadurch Kunden, die bis dahin ihren Pflanzenbedarf hauptsächlich in Gärtnereien gedeckt hatten. Der Erfolg dieser Sortimentserweiterung führte dazu, dass der Unternehmer auch in seinen anderen Garten- und Baumarktcentern das Angebot entsprechend ergänzte.

6.3 Beispiel: Auslandsmarkt

Ausgangssituation

Ein deutsches Dienstleistungsunternehmen, das Software-Entwicklungen, Datenbank-Design und Internetprojekte anbietet, plante den Eintritt in den italienischen Markt. Der Dienstleister beabsichtigte, italienische Firmen, die per Internet Kunden in Deutschland ansprechen wollten, zu unterstützen. Die Internetseiten sollten speziell auf deutsche Kunden zugeschnitten werden und Shop-Charakter haben. Die Abwicklung der Bestellprozesse sollte für das italienische Unternehmen durch eine einfach bedienbare Datenbankkonstruktion möglich sein. Die Zielkunden des Dienstleisters sollten in der Anfangsphase italienische Weinhändler sein, die ihre Produkte per Internet direkt an deutsche Weinliebhaber verkaufen wollten. Bei Erfolg könnte das Angebot dann auf weitere Branchen ausgedehnt werden.

Informationsbedarf

Das Software-Unternehmen beschäftigte zwar bereits zwei italienisch sprechende Mitarbeiter, hatte aber bisher noch keine Geschäfte in Italien gemacht. Daher wollte sich das Unternehmen zunächst einmal über die gültigen Vorschriften und Gesetzte informieren, die das Geschäft betreffen würden. Die Ansprache der potenziellen Kunden sollte über verschiedene Direktmarketing-Aktionen erfolgen. Dafür benötigte der Software-Dienstleister die entsprechenden Adressen. Außerdem plante das Unternehmen die Weinhändler und -produzenten auf verschiedenen Branchenveranstaltungen direkt anzusprechen und über das spezielle Internet-Datenbank-Angebot zu informieren.

Informationssammlung

a) Recherche im Internet

Die Vertriebsmitarbeiter der Softwarefirma sollten auf den Branchentreffen der italienischen Weinhändler und -güter den direkten Kontakt zu den möglichen Auftraggebern knüpfen. Die italienisch sprechenden Mitarbeiter erhielten daher den Auftrag, über das Internet Messen und Veranstaltungen der Weinbranche zu recherchieren. Die Mitarbeiter stießen bei ihrer Suche auf eine italienische Website, die eine Übersicht über die „fiere del vino" (Weinmessen) bot. Anhand der aufgeführten Links konnten die Mitarbeiter direkt auf die Informationsseiten der verschiedenen Messen zugreifen. Sie schauten sich die Websites der Mia in Rimini, der VINITALY in Verona, der CIBUS in Parma und der Vino Novello in Vicenza näher an. Dort waren Informationen zu Ausstellern und Besuchern und den ausgestellten Produktbereichen zu lesen. Auf der Website der Messe CIBUS (Parma) fanden die Mitarbeiter den Bereich CIBUS DATA. Diese Datenbank ermöglichte ihnen die gezielte Suche nach Weinherstellern. Als Ergebnis ihrer Datenbank-Abfrage erhielten die Mitarbeiter eine Liste mit 55 italienischen Weinproduzenten. Jedes Unternehmen wurde mit genauer Firmenbezeichnung, Adresse, Kontaktinformationen (Telefon, Fax, E-Mail) und dem jeweiligen Produktionsangebot beschrieben.

Die Mitarbeiter stellten eine Liste aller gefundenen Branchenveranstaltungen zusammen. Sie vermerkten die wichtigsten Kerndaten der Veranstaltungen zu Besuchern, Ausstellern, Produktangebot und wann die Messe das nächste Mal stattfinden würde. Außerdem wurden für weitere Recherchen die jeweiligen Adressen der Internetseite erfasst.

b) Recherche bei Institutionen und Organisationen

Um sich über die aktuellen Vorschriften und Gesetze in Italien zu informieren, wandte sich der Software-Produzent an seine Industrie- und Handelskammer. Die örtliche IHK vermittelte den Kontakt zur Deutsch-Italienischen Handelskammer in Mailand und zum zuständigen Euro Info Center (EIC). (Die Euro Info Centres sind Beratungsstellen der EU, die kleine und mittlere Unternehmen unterstützen, wenn diese ihre Aktivitäten auf das Ausland ausdehnen möchten. Die Mitarbeiter des EIC stellen auch Kontakte zu Kooperationspartnern her oder sind bei der Suche nach qualifiziertem Personal behilflich.) Mit Unterstützung des Euro Info Center fand der Software-Dienstleister eine geeignete italienische Agentur für die Durchführung der geplanten Direktmarketing-Aktion.

Auswertung der Recherche-Ergebnisse

Der Geschäftsführer und der Vertriebsleiter wählten anhand der recherchierten Informationen die italienischen Weinmessen aus, welche die Vertriebsmitarbeiter zur Kontaktaufnahme mit den Weinhändlern und Winzern besuchten sollten. Die ausgedruckte Liste mit den 55 italienischen Weinproduzenten wurde regional sortiert und den Vertriebsmitarbeitern zugeteilt.

Die italienische Werbeagentur wählte auf Grund ihrer Erfahrungen den geeigneten Adresslieferanten aus und entwarf ein den kulturellen Besonderheiten Italiens entsprechendes Anschreiben zur Direktmarketing-Ansprache der Weinhändler und Winzer.

Aktion

Die Hinweise des EIC zu rechtlichen und steuerlichen Besonderheiten in Italien wurden von dem Softwareproduzenten bei der Planung der weiteren Vertriebsaktivitäten berücksichtigt.

Die Direktmarketing-Aktion wurde gestartet. Die Werbeagentur verschickte die Anschreiben und die Vertriebsmitarbeiter übernahmen die weitere Kontaktbearbeitung.

Die Vertriebsmitarbeiter konnten durch die Direktmarketing-Aktion und die Kontaktaufnahme zu den Weinhändlern und -produzenten aus der CIBUS Datenbank bereits vor dem ersten Messetermin einige Interessenten für ihre Leistungen gewinnen. Während der Messebesuche wurden die Kontakte vertieft und neue Kontakte geknüpft.

Es zeigte sich in diesem Fall, dass es beim Start von Vertriebsaktivitäten im Ausland nützlich ist, sich die Informationen direkt von Partnern im Ausland zu beschaffen. Der Kontakt mit dem Euro Info Center hatte dem Software-Unternehmen den Eintritt in den Auslandsmarkt sehr erleichtert.

6.4 Beispiel: Markt für ein neues Produkt

Ausgangssituation

Die Erhöhung der Versicherungspflichtgrenze in der gesetzlichen Krankenversicherung wollte ein Versicherungsunternehmen nutzen, um seinen Marktanteil im Bereich Krankenversicherung weiter auszubauen. Es plante deshalb, neue innovative Krankenversicherungs-Zusatztarife auf den Markt zu bringen.

Informationsbedarf

Um einen Krankenversicherungs-Zusatztarif zu entwickeln, der auch bei den zukünftigen Kunden Erfolg haben könnte, benötigte das Unternehmen Informationen darüber, was die gesetzlich krankenversicherten Kunden sich heutzutage an Absicherung wünschen. Welche Leistungen werden von den Kunden honoriert und auf welche Leistungen sind die Kunden bereit zu verzichten?

Informationssammlung

a) Recherche im Unternehmen

Das Versicherungsunternehmen stellte ein Team aus Mitarbeitern verschiedener Fachbereiche zusammen. Die Erfahrungen und das Wissen der Mitarbeiter aus der Krankenversicherungs- und der Krankenversicherungs-Mathematischen-Abteilung wurden im Team gebündelt. Aber auch das Fachwissen der Rechtsabteilung und der Mitarbeiter aus den Bereichen Vertrieb und Marketing war für die Tarifentwicklung unverzichtbar. Die Außendienstmitarbeiter brachten ihre eigenen Erfahrungen und die Anregungen der Kunden in das Team ein.

b) Kundenumfrage durch das hauseigene Call Center

Da das Versicherungsunternehmen bereits in der Vergangenheit Kundenbefragungen für Tarifentwicklungen selbst erfolgreich durchgeführt hatte, wollte man diese Erfahrungen nutzen. Die Fragebögen der vergangenen Umfrageaktionen wurden als Grundlage genommen. Das gemeinsame Expertenteam aus den verschiedenen Abteilungen entwickelte daraus einen aktuellen Fragebogen, mit dem die Kunden nach ihren Bedürfnissen und ihrer Bereitschaft, für bestimmte Leistungen zu zahlen, befragt werden sollten. Aus dem Datenbestand des Versicherungsunternehmens wurde auf der Basis verschiedener Kriterien, wie zum Beispiel Alter und Geschlecht, eine Stichprobe an Bestandskunden selektiert. Die ausgewählten Kunden wurden von den Mitarbeitern des hauseigenen Call Centers angerufen. Bei Einverständnis des Kunden wurden circa fünfminütige Telefon-Interviews durchgeführt. Die Ergebnisse wurden auf dem schriftlichen Fragebogen vermerkt und zur Auswertung weitergegeben.

c) Umfrage durch ein externes Marktforschungsunternehmen

Zusätzlich zur Befragung der eigenen Kunden gab das Versicherungsunternehmen noch eine repräsentative Umfrage bei einem externen Marktforschungsinstitut in Auftrag. Das Institut sollte gesetzlich Versicherte befragen, was sie sich in Zukunft von einer

Kranken-Zusatzversicherung wünschen würden und welchen Beitrag sie bereit wären, für diese Leistungen zu zahlen.

Auswertung der Recherche-Ergebnisse

Die Erkenntnisse aus dem firmeninternen Expertenteam wurden in Themenschwerpunkten gebündelt und dann in Form eines Anforderungskatalogs für den neuen Tarif schriftlich fixiert.

Die Fragebögen der vom hauseigenen Call Center durchgeführten Kundenumfrage wurden im Versicherungsunternehmen selbst ausgewertet. Die vom externen Marktforschungsinstitut gelieferten Ergebnisse wurden mit den internen Resultaten verglichen und das Gesamtergebnis dargestellt. Es zeigte sich, dass mehr als zwei Drittel der befragten Personen besonderen Wert auf eine umfassende Absicherung im Zahnbereich legten. Für die Versorgung mit Brücken, Kronen und Implantaten waren die Kunden auch bereit, einen entsprechenden Versicherungsbeitrag zu zahlen. Dies galt auch für die Übernahme der Kosten für Krankengymnastik und Massagen. Anders sah das Ergebnis bei der Bewertung der Chefarztbehandlung im Krankenhaus aus. Etwa die Hälfte der Patienten hielten im Krankenhaus die Behandlung und die Visite durch den Chefarzt für durchaus verzichtbar.

Aktion

Das Versicherungsunternehmen nutzte die gewonnenen Erkenntnisse aus den Umfragen sowie aus dem Anforderungskatalog des firmeninternen Experten-Teams und entwickelte verschiedene Krankenversicherungs-Zusatztarife, die den Ansprüchen der Kunden und ihrer Bereitschaft, für bestimmte Gesundheitsleistungen höhere Beiträge zu zahlen, besser entsprachen als die bisher angebotenen Tarife.

7 Daten per Mausklick: Webadressen für die Vertriebsarbeit

In diesem Kapitel finden Sie einen Katalog von Webadressen, die für Ihre tägliche Vertriebsarbeit interessant sind. Darunter sind wichtige Homepages aus den Bereichen Marktforschung, praktische Vertriebsarbeit, Fortbildung und Fachwissen. Eine Erläuterung dazu: Das Internet verändert sich ständig. Auf Grund der Dynamik ist es möglich, dass, wenn Sie auf die hier beschriebenen Websites zugreifen möchten, diese inzwischen modifiziert wurden. Auf der Basis der hier angegebenen Informationen und der Tipps für die erfolgreiche Suche im Internet (vgl. Kapitel 3.11) werden Sie trotzdem schnell die Informationen finden, die Sie benötigen.

> **Web-Link**
> Unter **www.inforelevant.de/vertriebslinks** finden Sie eine Link-Sammlung, die alle Webadressen der hier erwähnten Seiten enthält und die regelmäßig aktualisiert wird.

Hinweis: Diese Zusammenstellung erhebt keinen Anspruch auf Vollständigkeit. Für den Inhalt der fremden Websites sind ausschließlich deren Betreiber verantwortlich.

7.1 Suchmaschinen und Webkataloge

Suchmaschinen

www.alltheweb.com
Unter dieser Webadresse finden Sie FAST. Dies ist eine sehr schnelle internationale Suchmaschine. Ihre Nutzung bietet sich an, wenn Sie nach internationalen Seiten suchen.

www.altavista.de

Altavista ist ein Klassiker unter den Suchmaschinen. Inzwischen wurde Altavista überarbeitet, mit einer neuen übersichtlichen Oberfläche ausgestattet und die Eingabe- und Hilfefunktionen verbessert. Eine interessante Zusatzfunktion ist der Übersetzungsservice. Sie können die Adresse einer Website eingeben. Diese Seite wird dann von BabelFish übersetzt. Sie haben auch die Möglichkeit, einen freien Text von bis zu 150 Wörtern einzugeben und für diesen eine Übersetzung abzurufen. Die Qualität einer maschinellen Übersetzung ist noch begrenzt. Sie ermöglicht jedoch einen schnellen Überblick über den Inhalt fremdsprachiger Websites.

www.fireball.de

Fireball ist eine große deutsche Suchmaschine und enthält über 15 Millionen deutschsprachige Webseiten. Möchten Sie weltweit suchen, dann wird die Suchanfrage automatisch in den internationalen Web-Index von Altavista weitergeleitet. Man kann die Suche auf Produkte und Nachrichten beschränken. Fireball bietet auch einen Katalog mit verschiedenen Rubriken an.

www.google.de

Die aus einem Forschungsprojekt entstandene Suchmaschine gehört zu den beliebtesten deutschen Suchmaschinen. Ein besonderer Vorteil von Google ist, dass es die erfassten Seiten bis zu einer gewissen Anzahl speichert und Ihnen diese auch noch anzeigen kann, wenn die Originalseite in der Zwischenzeit geändert wurde. Die besondere Google-Technik, das so genannte Page-Rank, wurde inzwischen von anderen Suchmaschinenbetreibern übernommen. Page-Rank bedeutet, dass die Seiten in der Ergebnisliste an oberster Stelle stehen, auf die per Link von anderen Seiten am häufigsten verwiesen wird.

Themenkataloge

www.allesklar.de

Es handelt sich um einen Webkatalog mit regionalen Unterkatalogen. Die Stärke dieses Katalogs liegt in regionalen Angeboten.

www.dino-online.de

Dino ist einer der älteren deutschen Kataloge. Er bietet Rubriken zu fast jedem Thema. Die einzelnen Links werden mit einer Kurzbeschreibung angezeigt.

www.web.de

Deutschsprachiger Webkatalog, der Websites aus vielen verschiedenen Sachgebieten redaktionell erfasst hat. Schwerpunkte wurden zusätzlich in einzelne Themen-Portale eingeordnet. Sollte im Katalog nicht die richtige Information gefunden werden, so erfolgt zur Durchsuchung des Internets die Weiterleitung der Suchanfrage an Inktomi.

www.yahoo.de

Yahoo gilt weltweit als einer der größten Kataloge mit zahlreichen nationalen Ausläufern. Für die Suche im Web wird die Suchtechnik von Inktomi bereitgestellt.

Metasuchmaschinen

Da jede Suchmaschine immer nur einen Teil aller Websites durchsucht, wurden Metasuchmaschinen entwickelt. Diese Maschinen suchen gleichzeitig in verschiedenen Suchmaschinen und zum Teil auch in Katalogen nach den von Ihnen eingegebenen Suchworten und fassen die Ergebnisse zusammen. Der Nachteil der Metasuchmaschinen ist, dass sie bei komplexen Suchabfragen die Befehle, die eine erweiterte Suche möglich machen, in der Regel nicht verarbeiten können.

www.metacrawler.de

Metacrawler durchsucht in hoher Geschwindigkeit verschiedene Suchmaschinen. Dabei sortiert der MetaCrawler doppelte Treffer aus, man erhält also nicht x-mal den gleichen Treffer von verschiedenen Suchmaschinen.

www.metager.de

Die deutschsprachige Suchmaschine MetaGer ist ein Service des regionalen Rechenzentrums für Niedersachsen, Lehrgebiet Rechennetze und Verteilte Systeme, Universität Hannover. Neben dem Suchservice bietet die Seite mit dem MetaGer Web-Assoziator die

Möglichkeit, einen Begriff einzugeben und so ähnliche und inhaltlich verwandte Begriffe zu ermitteln. Man erhält damit Anregungen für weitere Suchbegriffe.

www.nettz.de
Dort werden auch spezielle Metacrawler zum Beispiel für Medizin/Gesundheit, PC-Zeitschriften und Familie & Kinder geboten.

http://de.vivisimo.com
Vivísimo wurde von Computerwissenschaftlern der Carnegie Mellon Universität in Pittsburgh gegründet. Seit Januar 2003 gibt es die deutsche Version der Vivísimo Suchmaschine im Internet. Es handelt sich um eine clustering-fähige Metasuchmaschine. Clustering-fähig heißt, dass die Suchergebnisse in inhaltliche Gruppen geordnet werden. Die Ausgabe der Suchergebnisse erfolgt in einem zweigeteilten Fenster: Im rechten Fenster werden die Treffer einzeln angezeigt. Auf der linken Seite werden die gefundenen Treffer in logische Kategorien unterteilt und die Anzahl der Treffer pro Kategorie angegeben. Dadurch wird die Suche nach Informationen zu einem bestimmten Themengebiet einfacher.

Suchmaschinen der Suchmaschinen

Brauchen Sie eine spezielle Suchmaschine? Dann helfen Ihnen die Suchmaschinen der Suchmaschinen weiter.

www.klug-suchen.de
Hier finden Sie Suchmaschinen zu verschiedenen Themenbereichen, insgesamt etwa 1 560 Stück.

www.suchfibel.de
Hier finden Sie nicht nur weitere Suchtipps, sondern auch Hinweise zu über 2 700 Suchangeboten.

www.suchmaschinenindex.de
Der Suchmaschinenindex erfasst auch Spezialsuchmaschinen zu beliebigen Themen im deutschsprachigen Raum und international.

7.2 Webadressen für die Marktforschung und die strategische Vertriebsarbeit

7.2.1 Markt- und Trendstudien

Unter den folgenden Webadressen finden Sie die Veröffentlichungen von Markt- und Verbraucherstudien sowie Trendbeschreibungen. Außerdem werden beispielhaft verschiedene Marktforschungsinstitute und Beratungsgesellschaften aufgeführt, bei denen Sie selbst eine Marktstudie in Auftrag geben können.

www.absatzwirtschaft.de
Die Fachzeitschrift Absatzwirtschaft bietet auf ihren Internetseiten eine Datenbank zu Studien aus dem Bereich Marketing, von der Diplomarbeit im CRM bis zur Marktanalyse.

www.acnielsen.de
A.C. Nielsen führt zu aktuellen Themen Handels- und Verbraucherbefragungen durch, die auch individuell von Ihnen in Auftrag gegeben werden können. Auf Grund der Daten aus einem repräsentativen Haushaltspanel kann A.C. Nielsen Analysen über Erst- und Wiederkaufsdaten, Markenloyalität, Parallelverwendung, Markenwechsel, Käuferwanderungen, Kaufhäufigkeit, Promotions und Einführungen vornehmen. Ebenso sind Warenkorb- und Einkaufsstätten-Analysen möglich.

www.adm-ev.de
Der Arbeitskreis deutscher Markt- & Sozialforschungsinstitute e.V. veröffentlicht hier Standards für die Markt und Sozialforschung und bietet eine Checkliste für Auftraggeber von Befragungen. Diese Checkliste kann Ihnen bei der Auswahl eines geeigneten Marktforschungsinstitutes helfen.

www.bbeberatung.com
Auf ihren Internetseiten informiert die BBE Unternehmensberatung über ihre Beratungs- und Marktforschungsangebote, darunter den Brancheninformationsdienst BIS mit detaillierten Informationen zu rund 40 Branchen. In einem Shop werden die BBE-Marktstudien angeboten. Außerdem kann man sich kostenlos Ausschnitte

aus den Studien sowie Charts zu aktuellen Entwicklungen herunterladen.

www.bvm.org
Auf den Internetseiten des Berufsverbands Deutscher Markt- und Sozialforscher BVM e.V. können Sie nach Mitgliederfirmen suchen.

www.diplom.de
Hier können Sie Diplomarbeiten, Magisterarbeiten und andere Hochschulstudien aus verschiedenen Themenbereichen erwerben. Die Publikationen werden als CD-ROM, als Buch oder direkt als pdf-Datei per Download geliefert.

www.tns-emnid.de
TNS EMNID ist ein Markt-, Media- und Meinungsforschungsunternehmen der internationalen Marktforschungsgruppe TNS. Es bietet seinen Kunden Projekte in fast allen Bereichen der Markt-, Media- und Meinungsforschung an und übernimmt deren komplette Abwicklung.

www.empirix.net
Das Marktforschungsnetz bietet in Kooperation mit Euresearch.net und context.online die Möglichkeit, in einer Datenbank mit mehr als 600 eingetragenen Anbietern aus der Markt- und Sozialforschung nach einem passenden Anbieter zu suchen. Neben regionaler Einschränkung ist auch die Auswahl anhand verschiedener inhaltlicher Kriterien wie zum Beispiel Aufgabenstellung und Branchen möglich.

www.esomar.org
Internationaler Verband der Markt- und Meinungsforscher

www.forrester.com
Forrester Research ist eine Forschungseinrichtung, die Veränderungsprozesse in der IT-Branche analysiert.

www.forsa.de
Forsa Gesellschaft für Sozialforschung und statistische Analyse mbH führt Markt-, Meinungs- und Sozialforschung durch. Forsa nutzt dabei die Methoden der empirischen Sozialforschung. Alle

Erhebungs- und Auswertungsarbeiten werden von Forsa selbst durchgeführt.

www.frost.com

Frost & Sullivan ist seit 40 Jahren in der B-to-B-Marktforschung und Unternehmensberatung tätig. Die Website ist in englischer Sprache. Wenn Sie sich lieber auf Deutsch informieren möchten, dann finden Sie über den Link „About us" und „German Press Centre" die Pressemitteilungen in deutscher Sprache, die Ihnen einen Überblick über aktuelle Studien mit Angabe von Marktdaten und Prognosen liefern.

www.gfk.de

Die Gesellschaft für Konsum-, Markt- und Absatzforschung Gfk, Nürnberg, bietet kontinuierliche und spezielle Erhebungen/Analysen zum Verbraucherverhalten und zur Absatzentwicklung in Märkten für technische Gebrauchsgüter. Außerdem liefert die Gfk Informationen qualitativer und quantitativer Art zur Nutzung von Medien und bietet Unterstützung in Marketingfragen verschiedenster Art an. Unter *www.gfk-regionalforschung.de* finden Sie die Angebote der GfK im Bereich der regionalen Marktdaten in Deutschland. Diese Kennzahlen helfen hauptsächlich dabei, Absatzchancen regional zu quantifizieren. Ein bekanntes Produkt ist die GfK-Kaufkraftkarte, die die Kaufkraft pro Kopf der Wohnbevölkerung in den Stadt- und Landkreisen der Bundesrepublik ausweist.

www.golem.de

Auf dieser Seite finden Sie unter anderem Markteinschätzungen und Unternehmensnachrichten aus der IT-Branche.

www.gujmedia.de

Gruner+Jahr bietet unter dem Stichwort „Marktdaten" mit G+J-Branchenbilder (BB) und G+J-Märkte+Tendenzen (MT) einen Überblick über die wichtigsten Konsumgüter- und Dienstleistungsbranchen. Prognosedaten zur Marktentwicklung auf den wichtigsten Werbemärkten liefern die G+J-Trendanalysen (TR).

www.iconkids.com

iconkids & youth ist ein Spezialinstitut für Kinder- und Jugendforschung. Hier finden Sie aktuelle Kinder- und Jugendstudien.

www.ifd-allensbach.de
Beim Institut für Demoskopie Allensbach können Sie selbst Marktstudien in Auftrag geben. Sie finden unter dem Stichwort „Presse-
dienste – Allensbacher Berichte" auch detaillierte Zusammenfassungen verschiedener von Allensbach durchgeführter Studien, die
Sie sich kostenlos ansehen können.

www.ifhkoeln.de
Das Institut für Handelsforschung an der Universität zu Köln erstellt Markt- und Unternehmensanalysen. Das Angebot der Dienstleistungen richtet sich besonders an den Mittelstand.

www.ifo.de
Das Institut für Wirtschaftsforschung an der Universität München
ist in der wirtschaftswissenschaftlichen Forschung und in der wirt-
schaftspolitischen Beratung aktiv. Es werden die Ergebnisse der regelmäßigen Befragungen im nationalen und internationalen Unter-
nehmenssektor publiziert.

www.infas.de
Das Institut für angewandte Sozialwissenschaft bietet im Marke-
tingbereich die Durchführung von Kundenzufriedenheitsuntersu-
chungen, Marktanalysen, Bekanntheits- und Imagemessungen an.

www.junior-comtec.de
Neben den professionellen Unternehmensberatungsgesellschaften
bieten studentische Unternehmensberatungen in vielen Fällen eine
kostengünstige Alternative für die Durchführung von Marktanalysen. Ein Beispiel ist die Studentische Unternehmensberatung Ju-
nior Comtec Darmstadt e.V. Sie wurde bereits 1988 gegründet und
bietet neben anderen Dienstleistungen wie Standortanalysen, Entwicklung von Vertriebsstrategien und Imageanalysen auch die
Durchführung von Marktstudien an. Auf den Internetseiten finden
Sie detaillierte Referenzen zu den bisher durchgeführten Projekten.

www.kundenbeziehungen.com
Dort finden Sie eine übersichtliche Zusammenstellung von Ver-
triebs-Fachthemen und Links zu allgemeinen Marktstudien und
Trends, zu Studien zum Thema Mensch und Verhalten sowie zu
e-Studien.

www.marketing-marktplatz.de
Im Studien-Archiv dieser Informationsplattform finden Sie eine Zusammenstellung von Marktforschungsberichten verschiedener Institute mit weiterführenden Links.

www.markt-studie.de
Markt-Studie.de ist ein kostenloses Suchportal für Markt- und Branchenstudien. Die Redaktion des Portals erfasst Studien verschiedener Anbieter in einem Index, der regelmäßig aktualisiert und erweitert wird. Sie finden auf den Websites des Portals detaillierte Beschreibungen der einzelnen Studien und können diese dort bei Interesse zu Original-Anbieterpreisen bestellen.

www.medialine.de
Focus Medialine ist ein B-to-B-Angebot, das sich an Agenturen und die werbetreibende Wirtschaft richtet. Zusätzlich zu den Media-Daten finden Sie hier unter dem Stichwort: „Fakten – Brancheninfos" auch ausführliche Analysen zu verschiedenen Märkten und Branchen (z.B. zu Versicherungen, Automobilen, Urlaubs- und Geschäftsreisen, Gesundheit, Handel, Hard- und Software u.a.).

www.mittelstanddirekt.de
Diese Seite wird von der Banken-Werbegemeinschaft (BWG) im Genossenschaftsverband Norddeutschland e.V. betrieben. Sie finden dort aktuelle Marktdaten aus verschiedenen Branchen mit Links zu den Marktforschungsunternehmen, die diese Marktanalysen erstellt haben.

www.tns-infratest.com
NFO Infratest heißt seit dem 02.02.2004 TNS Infratest. Das Unternehmen bietet eine breite Palette an Dienstleistungen aus dem Bereich der Marketingforschung an. Die Anpassung der Website erfolgt schrittweise.

www.prognos-mediareports.com
Für die Abschätzung der künftigen Entwicklung der Medien- und Kommunikationsmärkte liefern die Prognos Mediareports detaillierte Analysen und vergleichende Bewertungen zu neuen Technologien, Nachfragetrends und Geschäftsmodellen. Sie finden auf den

Websites die Abstracts und Inhaltsverzeichnisse der Analysen und können dort auch die kompletten Studien bestellen.

www.psychonomics.de
Die psychonomics AG ist ein Marktforschungs- und Beratungsinstitut mit Hauptsitz in Köln. Forschungs- und Beratungsschwerpunkte sind unter anderem die Themen Kundenbindung, Customer Relationship Management, Marktsegmentierung, Produktentwicklung, Website-Tests, Kommunikation und Image. Auf der Website finden Sie eine Übersicht aktueller Studien mit Preisangaben.

www.research-int.com
Die IVE Research International GmbH & Co KG bietet quantitative und qualitative Markforschung an.

www.trendbuero.de
Auf der Website des Beratungsunternehmens für gesellschaftlichen Wandel finden Sie umfangreiche Informationen zu Trends. Sie können dort aktuelle Studien bestellen oder ein Download vornehmen. Sie können dort aber auch eigene Trendstudien und Phänomenanalysen in Auftrag geben.

www.uni-kiel.de/ifw/
Das Institut für Weltwirtschaft an der Universität Kiel publiziert regelmäßig Wirtschaftsdaten. Sie können sich die Untersuchungsergebnisse als Kurzbericht oder in der Vollversion ansehen.

www.verkauf-aktuell.de
Hier finden Sie Fachbeiträge für den Vertrieb und Studien zum Thema Internet und E-Commerce, die Sie sich zum Teil auch kostenlos aus dem Internet herunterladen können.

www.wuv-studien.de
Hier handelt es sich um das w&v Online-Magazin für Marketing, Werbung, Medien und E-Business. Sie finden dort ein umfangreiches Archiv von Studien aus verschiedenen Bereichen.

www.zukunftsinstitut.de
Mit Hilfe von sozio-ökonomischen Erklärungsmodellen, externen Marktdaten, qualitativen Forschungsmethoden und Delphi-Erhebungen werden Trendrecherchen durchgeführt. Das Zukunftsinsti-

tut erstellt regelmäßig Eigenstudien zur Zukunft von Branchen, Technologien und Märkten. Sie können dort auch Trendgutachten für Ihre eigenen Fragestellungen anfordern.

7.2.2 Produkt- und Leistungsbewertungen

Allgemeine Seiten

Möchten Sie wissen, wie Verbraucher oder professionelle Tester Ihre eigenen und die Produkte der Wettbewerber einstufen, dann können Sie sich auf so genannten Verbraucherseiten informieren.

www.ciao.com
www.dooyoo.de
Ciao und DooYoo sind bekannte Verbraucher-Meinungsforen. Jeder Verbraucher, der ein bestimmtes Produkt gekauft hat, kann die Erfahrungen, die er mit diesem Produkt gemacht hat, hier veröffentlichen und das Produkt bewerten.

www.oekotest.de
Hier finden Sie Volltextartikel der Tests aus der Zeitschrift ÖKO-Test ab 1992. Sie können entweder ein Stichwort eingeben oder sich durch die Rubriken durchklicken. Allgemeine Testergebnisse können Sie sich kostenlos anzeigen lassen. Der Abruf des kompletten Testberichts muss bezahlt werden.

www.warentest.de
Neben den kostenlosen Meldungen und Kurzfassungen ausgewählter Tests bietet Ihnen die Stiftung Warentest ausführliche Fassungen aller ab Januar 2000 veröffentlichten Tests im Netz. Diese Artikel stammen aus den Zeitschriften Test oder Finanztest und enthalten alle dort veröffentlichten Informationen. Der Abruf detaillierter Testergebnisse ist kostenpflichtig. Sie können einen Suchbegriff eingeben oder eine Warengruppe auswählen. Allgemeine Testergebnisse können Sie sich kostenlos anzeigen lassen.

Versicherungsvergleiche

Versicherungsgesellschaften nutzen das Internet als Informations- und Absatzkanal. Statt zeitaufwändig die Internetangebote der verschiedenen Versicherungsunternehmen einzeln durchzuklicken, bietet sich der Zugriff auf die Vergleichsportale für Versicherungen an. Diese Seiten sind nicht nur für Kunden interessant, sondern bieten auch den Außendienstpartnern einer Versicherung die Möglichkeit, schnell und unkompliziert das aktuelle Tarifangebot der Konkurrenz zu prüfen.

www.einsurance.de
Der Münchner Internetversicherungsmakler einsurance bietet kostenlose Preis-Leistungs-Vergleiche, Bedarfsanalysen, Informationen über aktuelle Gesetzesänderungen im Versicherungsbereich und den Online-Abschluss von Versicherungen an.

www.finanzscout24.de
Bietet kostenlose Vergleiche von Finanzierungen und auch Versicherungen aller Art, wie zum Beispiel Kraftfahrzeug-, Haftpflicht- oder Lebensversicherungen an. Der Online-Abschluss von Versicherungen ist möglich.

www.fss-online.de
Bietet kostenlose Vergleiche von Versicherungen aller Sparten, wie zum Beispiel Kraftfahrzeug-, Haftpflicht- oder Hausratversicherungen an. Ein detaillierter Ratgeber und ein umfassendes Lexikon sind auf der Internetseite zu finden sowie ein Formular-Bereich, in dem Formulare heruntergeladen werden können.

www.insurancecity.de
Insurancecity erstellt nach Ausfüllen eines Fragebogens unverbindlich und kostenlos ein individuelles Online-Angebot für die gewünschte Versicherungsart. Ein Online-Abschluss von Versicherungen ist möglich und auf Wunsch kommt der Außendienst zur persönlichen Beratung der Kunden.

7.2.3 Brancheninformationen

Bundesministerium für Wirtschaft und Arbeit

www.bmwa.bund.de

Kurze Branchenskizzen finden sich unter dem Stichwort „Branchenfocus" auf den Internetseiten des BMWA. Dort werden für die einzelnen Branchen Kennziffern wie Umsatz, Export, Exportquote und Beschäftigtenzahl aufgeführt sowie ein Überblick über die allgemeine Branchenlage gegeben.

Weitere Bundes- und Landesbehörden finden Sie unter
www.bund.de

www.verbaendeforum.de

Als Einstieg in die Recherche bietet sich die Website des Verbändeforums an, die einen Überblick über die zahlreichen Verbände in Deutschland gibt. Sie erreichen dort eine Adress-Datenbank mit über 12 000 Adressen von Verbänden und Organisationen. Außerdem gibt es ein alphabetisches Verzeichnis der Websites von Verbänden und Organisationen.

Einige Beispiele für Branchen-Websites finden Sie nachfolgend:

Bundesverband der Deutschen Industrie (BDI)
                                                     www.bdi-online.de
Vom Bundesverband der Deutschen Industrie (BDI) in Köln erhalten Sie Wirtschaftsdaten zur Lage Deutschlands. So zum Beispiel den Auftragseingang nach Branchen aufgeschlüsselt mit grafischer Darstellung

Verband der Chemischen Industrie (VCI)
                                            www.chemische-industrie.de

Auf der Website des Verbands der Chemischen Industrie (VCI) finden Sie Brancheninformationen sowie einen Link zu ChemCompass *(www.chemcompass.de)*, einer Produkt-, Firmen- und Leistungsdatenbank der chemischen Industrie, die insgesamt 2 500 Firmen mit insgesamt ca. 25 000 Produkten enthält.

Verband der Automobilindustrie (VDA)   www.vda.de

Der Verband der Automobilindustrie listet auf seinen Seiten rund 500 Mitgliederfirmen, die Automobile, Anhänger, Aufbauten, Container sowie Kfz-Teile und -Zubehör produzieren.

Verband Deutscher Maschinen- und Anlagenbau (VDMA)
     www.vdma.de

Der Verband Deutscher Maschinen- und Anlagenbau e.V. umfasst rund 3 000 Firmen aus den Bereichen Maschinen-, Apparate- und Anlagenbau; Herstellung von Präzisionswerkzeugen; Informations- und Datentechnik sowie Softwarehäuser und Engineeringfirmen.

Hauptgemeinschaft des Deutschen Einzelhandels (HDE)
     www.hde.de

Auch nicht-industrielle Verbände, wie zum Beispiel die Hauptgemeinschaft des Deutschen Einzelhandels (HDE), liefern eine Vielzahl von Daten und Statistiken.

Deutscher Industrie- und Handelskammertag (DIHK)
     www.diht.de

Auf den Seiten des Deutschen Industrie- und Handelskammertages finden Sie eine Übersicht aller Industrie- und Handelskammern in Deutschland und der Auslandshandelskammern (AHK), die Ihnen bei Bedarf regional differenzierte Informationen liefern können. Sie bieten neben brancheninternen Betriebsvergleichen auch branchenübergreifende Informationen an.

Portal des deutschen Handwerks   www.handwerk.de

Das Internetportal des Handwerks bietet den Betrieben, Partnern und Organisationen des Handwerks eine branchenübergreifende Informations- und Transaktionsplattform. Hierzu gehören auch Bonitätsanalysen der Kunden.

Bundesverband deutscher Banken (BdB)   www.bdb.de

Der Bundesverband deutscher Banken (BdB), der die Interessen der privaten Banken vertritt, informiert auf seinen Seiten über aktuelle Branchenentwicklungen und Hintergründe.

Informationswirtschaft, Telekommunikation und neue Medien
www.bitkom.org

BITKOM ist ein Bundesverband für Unternehmen der Informationswirtschaft, der Telekommunikation und der neuen Medien mit gut 700 Direktmitgliedern. Sie können sich über die Mitgliederliste informieren. Außerdem finden Sie umfassende statistische Informationen über die Branchenentwicklung.

Technische Keramik   **www.keramverband.de**

Das Informationszentrum Technische Keramik bietet auf seinen Seiten ein Verzeichnis der Hersteller für Technische Keramik in Deutschland. Es informiert über Seminare, Messen, Veröffentlichungen und liefert Fachinformationen über Werkstoffe der Technischen Keramik, Eigenschaften, Anwendungs- und Einsatzmöglichkeiten. Aber auch eine Jobbörse von Unternehmen der keramischen Industrie findet sich hier.

Kunststoffverarbeitende Industrie   **www.gkv.de**

Die Seite des Gesamtverbandes kunststoffverarbeitende Industrie e.V. liefert Daten & Fakten der kunststoffverarbeitenden Industrie. Hier findet sich ein Herstellernachweis, der im Modus der Expertensuche nach verschiedenen Kriterien, wie zum Beispiel Firmenname, Ort, verarbeitete Werkstoffe, Verarbeitungsverfahren, Lieferbereich und Produktgruppen durchsucht werden kann.

www.fachzeitschriften-portal.de

Im Fachzeitschriften-Portal können Sie mit Hilfe der doppelten Suchfunktion nach Namen oder Branche unter rund 3 000 Fachzeitschriften suchen.

www.branchen-index.com

Einstiegsseite für Adressverzeichnisse und Anbieter-Datenbanken aus den Bereichen Anlagen- und Verfahrensanbieter, Automobil, Call Center, CRM, Galvano-Dünnschichttechnik, Kleb- und Dichttechnik, Lackherstellung, Oberflächentechnik, Office, Public Sector u.a.

7.2.4 Nationale statistische Daten und Fakten

Internetauftritte der Statistischen Ämter

Allgemeine Basisdaten und Wirtschaftsindikatoren können direkt mit zugehörigen Grafiken über das Internet abgerufen werden.

www.destatis.de
Im Statistik-Shop des Statistischen Bundesamtes können Sie kostenpflichtig ausgewählte aktuelle Veröffentlichungen wie Bücher, Fachserien und CD-ROMs bestellen und Dateien mit neuesten statistischen Ergebnissen herunterladen.

Die Internetseiten der statistischen Landesämter finden Sie unter folgenden Adressen:

www.statistik-bw.de
Statistisches Landesamt Baden-Württemberg

www.statistik.bayern.de
Bayerisches Landesamt für Statistik und Datenverarbeitung

www.statistik-berlin.de
Statistisches Landesamt Berlin

www.lds-bb.de
Landesbetrieb für Datenverarbeitung und Statistik Land Brandenburg

www.bremen.de/info/statistik
Statistisches Landesamt Bremen

http://fhh.hamburg.de/stadt/Aktuell/behoerden/inneres/statistisches-landesamt/start.html
Statistisches Landesamt Hamburg
(Hinweis: Nutzen Sie die Linkliste unter www.inforelevant.de/vertriebslinks, um nicht diese lange Adresse per Hand eintippen zu müssen.)

www.hsl.de
Hessisches Statistisches Landesamt

www.statistik-mv.de
Statistisches Landesamt Mecklenburg-Vorpommern

www.lds.nrw.de
Landesamt für Datenverarbeitung und Statistik Nordrhein-Westfalen

www.nls.niedersachsen.de
Niedersächsisches Landesamt für Statistik

www.statistik.rlp.de
Statistisches Landesamt Rheinland-Pfalz

www.statistik.saarland.de
Statistisches Landesamt Saarland

www.statistik.sachsen.de
Statistisches Landesamt des Freistaates Sachsen

www.stala.sachsen-anhalt.de
Statistisches Landesamt Sachsen-Anhalt

www.statistik-sh.de
Statistisches Landesamt Schleswig-Holstein

www.tls.thueringen.de
Thüringer Landesamt für Statistik

www.kba.de
Auf den Seiten des Kraftfahrt-Bundesamtes findet sich eine breite Palette an Zahlen und Daten zu Kraftfahrzeugen und -anhängern. Statistiken aufgeschlüsselt nach Bestand, Neuzulassungen und Halterwechsel ermöglichen die Anzeige verschiedener Selektionen, wie zum Beispiel:
- Pkw nach Herstellern und Farbe
- Krafträder und Pkw nach Alter und Geschlecht der Halter
- Kfz und -anhänger nach Fahrzeugarten

Patent- und Markenämter

www.dpma.de
Auf der Website des deutschen Patent- und Markenamtes können Sie einfache Suchabfragen über die Einsteigerrecherche kostenlos durchführen. Sie finden auf der Website des Deutschen Patentamtes auch Links zu den Patentämtern der ganzen Welt.

7.2.5 Statistische Daten und Fakten für ausländische Märkte

Institutionen und Verbände des Außenhandels

Weltbank (**www.worldbank.org**)

Bundesagentur für Außenwirtschaft (BfAI), Köln (**www.bfai.de**)

Auswärtiges Amt mit den Deutschen Auslandsvertretungen/Botschaften (**www.auswaertiges-amt.de**)

Außenhandelskammern (AHK) (**www.ahk.de**)

Internationale Handelskammer (ICC) (**www.icc-deutschland.de**)

Bundesverband des Deutschen Exporthandels e.V. (**www.bdex.de**)

Bundesverband des Deutschen Groß- und Außenhandels e.V. (**www.bga.de**)

Fördereinrichtungen der internationalen Zusammenarbeit:

Deutsche Investitions- und Entwicklungsgesellschaft mbH (**www.deginvest.de**),

Deutsche Gesellschaft für technische Zusammenarbeit (**www.gtz.de**)

Deutscher Entwicklungsdienst (**www.ded.de**)

Nützliche Webadressen der Europäischen Union sind:

Homepage der EU-Institutionen: **http://europa.eu.int**

Euro-Info Centres in Deutschland: **www.eic.de**

Internet-Shop für die Wirtschaft: **http://europa.eu.int/business**
Der Internet-Shop für die Wirtschaft bietet unter anderem Informationen für Geschäftsabschlüsse im Europäischen Binnenmarkt.

Market Access Database-Informationen über Märkte, Zölle, Rechtsvorschriften und Handelshemmnisse nach Branchen und Ländern finden Sie unter: **http://mkaccdb.eu.int**

www.ixpos.de
Bei iXPOS, einem Außenwirtschaftsportal, finden Sie alle Serviceangebote und Dienstleistungen, die von Ministerien, Kammern, Ländervereinen und Verbänden zur Förderung von Export und Außenhandel zu Gunsten der deutschen Wirtschaft angeboten werden.

7.2.6 Kostenpflichtige Informationsdienste

Anbieter von kostenpflichtigen Wirtschaftsdatenbanken in Deutschland

GBI mbH   **www.gbi.de**
GBI ist ein Datenbankanbieter für Wirtschaft und Presse mit Sitz in München. Das Informationsangebot umfasst mehr als 400 Datenbanken. Hier sind Unternehmensdaten, Managementinformationen und Brancheninformationen erfasst. Auch Marktstudien sind recherchierbar. Sie finden dort auch Pressedatenbanken im Volltext und können in vielen Tages- und Wochenzeitungen und mehr als 200 Fachzeitschriften recherchieren.
Eine gute Idee ist die Bonmot-Sammlung. Hier finden Sie mehr als 20 000 geistreiche und witzige Aussprüche mit denen Sie Ihren Präsentation oder Reden eine besondere Note geben können. Diese kostenpflichtige Bonmot-Datenbank empfiehlt sich zum Beispiel, wenn Sie nach einem passenden Ausspruch suchen und diesen in

der kostenlosen Zitat-Sammlung www.zitat.net im Internet nicht gefunden haben.

GENIOS www.genios.de

Genios Wirtschaftsdatenbanken wurde 1985 als Initiative der Verlagsgruppe Handelsblatt GmbH, Düsseldorf, gegründet. Das Genios-Angebot umfasst heute über 900 Presse-, Firmen-, und Fachdatenbanken. Enthalten sind vor allem Tages-, Wirtschafts- und Fachpresse sowie Firmenprofile.

Konsumenten-Datenbanken

Im Bereich Konsumenten-Informationen werden anhand regelmäßiger Konsumentenbefragungen große Haushaltsdatenbanken unter anderem von AZ Direct (**www.az-direct.com**) oder der Schober Information Group (**www.schober.de**) mit regelmäßig aktualisierten Privat-Adressen eingerichtet. Kriterien wie Alter, Kaufkraft, Wohnsituation, Wohngebietstyp und Interessengebiete stehen den Unternehmen zur genauen Zielgruppeneingrenzung zur Verfügung. Diese Datenbanken können Sie direkt bei den genannten Datenbankherstellern erreichen.

Anbieter von technisch-wissenschaftlichen Informationen

www.fiz-technik.de – FIZ Technik ist in Deutschland das nationale Zentrum für die technisch-wissenschaftliche Information und Dokumentation zur Förderung von Forschung und Wissenschaft. FIZ-Technik bietet Zugriff auf Fachartikel aus nationalen und internationalen technisch-wissenschaftlichen Publikationen.

Internationale Datenbankanbieter

www.dialog.com

The Dialog Corporation ist ein Zusammenschluss von drei Datenbankanbietern (Dialog, DataStar, Profound) mit Informationen zu Wirtschaft, Patenten, Presse, Natur- und Sozialwissenschaften.

www.LexisNexis.de
Lexis Nexis ist ein internationaler Online-Anbieter für Wirtschafts-
und Rechtsinformationen im Volltext.

Kostenpflichtige Zeitungsarchive

Sie können auf sehr viele deutsche Zeitungs- und Zeitschriften-
archive über die oben beschriebenen kommerziellen Datenbankanbieter GBI und Genios zugreifen. Einige Zeitungen und Zeitschriften ermöglichen jedoch auch direkt über ihre eigene Website
einen Online-Zugriff auf ihre Artikel-Archive.

Hierzu gehören in Deutschland zum Beispiel:

Süddeutsche Zeitung (SZ)
Sie erreichen das SZ-Archiv unter **www.medienport.de**. Für eine
Recherche müssen Sie sich registrieren lassen. Es wird dann pro
Monat ein Mindestbetrag fällig. In den Monaten ganz ohne Nutzung
erfolgt keine Rechnungsstellung. Die Suchanfrage und das Anzeigen der Trefferliste sind kostenlos. Rufen Sie dann den Volltext eines Artikels ab, wird der Preis pro Dokument berechnet. Der Preis
der abgerufenen Artikel wird mit dem Mindestbetrag verrechnet.
Der Artikelpreis wird mengenmäßig gestaffelt.

Frankfurter Allgemeine Zeitung (FAZ)
Unter **www.business-archiv.de** bietet die FAZ einen speziellen Ar-
chivdienst für Wirtschaftsinformationen an. Dort finden Sie mehr
als 1,4 Millionen FAZ-Artikel der vergangenen zehn Jahre. Sie können diese nach Unternehmen, Branchen, Personen und Länderbe-
richten durchsuchen. Die Artikel können einzeln abgerechnet oder
im Rahmen eines Business-Abonnements bezogen werden.

www.archivderpresse.de
Das Archiv der Presse ermöglicht Ihnen die Suche nach deutsch-
sprachigen Artikeln aus regionalen und überregionalen Tages- und
Wochenzeitungen, Nachrichtenmagazinen sowie weiteren Print-
und Onlinemedien. Sie finden dort über 150 Pressedatenbanken.
Bei regelmäßigem und umfangreichem Bedarf empfiehlt sich die
Registrierung als Vertragskunde. Möchten Sie nur gelegentlich Ar-
tikel abrufen, dann können Sie auch als Shopkunde auf das Archiv

zugreifen. Als Shopkunde haben Sie etwas höhere Dokumenten-
preise. Dafür fällt keine Suchgebühr je Recherche an. Orientieren
Sie sich an Ihrem persönlichen Recherchebedarf und wählen Sie
dann den Zugangsweg, der Ihren Bedürfnissen bei den Nutzungsbe-
dingungen und dem Preismodell am besten entspricht.

Pressespiegel

Tagesaktuelle Presseinformationen über Ihre Kunden, die Wettbewerber und Branchenentwicklung können Sie von Anbietern beziehen, die sich auf die Erstellung von Pressespiegeln und Presseclip-
ping spezialisiert haben.

www.ausschnitt.de
Die Deutsche Medienbeobachtungs Agentur GmbH beschäftigt ein
Fachlektorat, das täglich mehr als 6 600 Medien sichtet. Sie können
dort Ihrem Informationsbedarf entsprechende Presseclippings bestellen.

www.pressemonitor.de
Bei der PMG Presse-Monitor Deutschland GmbH & Co KG können Sie digitale Artikel aus deutschsprachigen Zeitungen und Zeitschriften beziehen und diese in einem elektronischen Pressespiegel
nutzen.

Kommerzielle Informationsvermittler (Infobroker)

Fehlt Ihnen die Zeit, selbst nach wichtigen Informationen zu recherchieren, oder ist die Suche zu aufwändig, dann empfiehlt es sich,
einen kommerziellen Informationsvermittler zu beauftragen.

www.dgd.de/infobroker/
Auf der Website der Deutschen Gesellschaft für Informationswissenschaft und Informationspraxis e.V. finden Sie eine Übersicht
über die der DGD bekannten Informationsvermittler. Sie können
die erfassten Informationsvermittler nach Dienstleistungen, Fachgebieten und Publikationen selektiert abrufen.

www.diz-muenchen.de
Unter dieser Adresse finden Sie das Dokumentations- und Informationszentrum München GmbH (DIZ) der Süddeutschen Zeitung. Der DIZ-Recherchedienst recherchiert kostenpflichtig nach Artikeln und Themen in Zeitungen, Zeitschriften, in externen Datenbanken und auch im Internet. Die gewünschten Informationen werden Ihnen dann offline oder online zugestellt.

www.faz-verlag.de/recherchedienst
Der FAZ-Recherchedienst beschafft Fakten, Daten und Analysen mit Zugriff auf das FAZ-Archiv, das Internet und über 6 000 Datenbanken in Deutschland, Europa und den USA.

www.infobroker.de
Unter dieser Adresse erreichen Sie den Datenbank-Informationsdienst Michael Klems (Informationsvermittlung). Hier finden Sie eine Vielzahl von Standardangeboten zu Festpreisen. Sie können aber auch einen Auftrag für eine individuelle Recherche erteilen.

www.infobroking.de
Infobroking lutz hat sich auf die Vermittlung von Unternehmensinformationen spezialisiert. Wirtschafts-, Markt- und Firmeninformationen werden entsprechend der Auftragsstellung in verschiedenen Datenbanken recherchiert und aufbereitet.

www.wind-gmbh.com
Der Wissenschaftliche Informationsdienst Köln (WIND) liefert Informationsprodukte von der Schnellrecherche über umfassende Datenbankrecherchen bis hin zur Originalbeschaffung.

7.3 Webadressen für die praktische Vertriebsarbeit

7.3.1 Informationen über Kunden und Wettbewerber

www.firmendatenbank.de
Die Firmendatenbank von Hoppenstedt enthält Informationen von über 150 000 Unternehmen. Kurzprofile von Firmen können gebührenfrei abgerufen werden. In den Kurzprofilen finden Sie die Adress- und Kontaktdaten. Sollten Sie weitere Informationen benötigen, so können Sie über ein kostenpflichtiges Abonnement oder einen kostenpflichtigen Prepaid-Zugang auf die Vollprofile der Unternehmen zugreifen. Sie erhalten dann alle dort verfügbaren Informationen zu Firma, Adresse, Telekommunikationsdaten, Namen, Positionen und Funktionen von Führungskräften, Branche, Produkte, Import-/Exportaktivitäten, Umsatz, Beschäftigte, Rechtsform, Gründungsjahr, Bankverbindungen, Kapital, Niederlassungen, Angaben über Beteiligungen und Anteilswerte, Grundbesitz, Fuhrpark, EDV-Ausstattung, spezielle Produktprogramme sowie banktechnische Angaben bei Banken.

www.wlw.de
„Wer liefert was?" – in dieser Datenbank befinden sich Informationen zu mehr als 300 000 Firmen aus zehn Ländern. Sie können diese Firmeninformationen kostenlos abrufen und erhalten dann Firmennamen, Adressen, Kontaktdaten und Namen der Geschäftsführer angezeigt.

Kostenlose Kunden- und Wettbewerbsinformationen auf den Internetseiten von Zeitungen und Zeitschriften

Aktuelle Schlagzeilen und Nachrichten über Ihre Kunden oder Konkurrenten können Sie in den Online-Nachrichten-Archiven der Tageszeitungen, Wochenmagazine und Fachmedien finden.

Für Ihre Suche nach Online-Artikeln stehen Ihnen neben den allgemeinen Suchdiensten auch Suchmaschinen zur Verfügung, die sich auf die deutschsprachige Presse spezialisiert haben.

www.paperball.de

Paperball ist eine Spezial-Suchmaschine für Artikel deutschsprachiger Tageszeitungen im Internet. Unter dieser Webadresse finden Sie tagesaktuelle Artikel aus circa 200 deutschsprachigen Tageszeitungen, Wochenzeitungen und Branchendiensten. Sie können direkt nach Stichworten suchen oder auch themenbezogen in der Berichterstattung der Presse blättern.

www.paperazzi.de.

Paperazzi ist eine weitere Suchmaschine, die sich auf deutsche und englischsprachige Online-Artikel spezialisiert hat. Paperazzi.de durchsucht mehr als 200 Onlinepublikationen aus den Bereichen Nachrichten, Sport, Lifestyle, Business und Medien. Es können verschiedene Länderdatenbanken ausgewählt werden.

Eine umfangreiche Liste der Zeitungen und Zeitschriften, die im Netz vertreten sind, finden Sie in den Webkatalogen, wie zum Beispiel bei **www.yahoo.de** unter dem Stichwort „Medien".

Viele Zeitungen und Zeitschriften ermöglichen eine kostenlose Suche in ihren Online-Ausgaben. Artikel aus den jeweiligen Druckausgaben zu erhalten, ist jedoch meist nur noch in beschränktem Umfang möglich. Um die Aufwendungen für die Archivierung und Pflege der Archive zu kompensieren, sind viele der Pressearchive im Angebot der bereits beschriebenen kommerziellen Datenbankanbieter.

Kostenlose Recherche zumindest in den Online-Artikeln bieten zum Beispiel:

www.welt.de/finden/

Das Archiv der Welt online beinhaltet alle Artikel, die seit Mai 1995 in der Internetausgabe der Welt erschienen sind. Außerdem finden Sie hier ein Ganzseitenarchiv. Dort können Sie die Abbildungen ganzer Seiten der Bundes- und teilweise auch der Regionalausgaben der gedruckten Ausgaben der Zeitung „Die Welt" aufrufen.

Die Ausgaben sind seit dem 1. März 2001 erfasst. Die Anzeige der Seiten lässt sich nach Datum und Ressort wählen.

www.faz.net

In der FAZ.NET-Suche können Sie im gesamten Beitragsbestand von FAZ.NET sowie im umfangreichen Archiv der Frankfurter Allgemeinen Zeitung und der Frankfurter Allgemeinen Sonntagszeitung recherchieren. Tragen Sie dazu den gewünschten Suchbegriff ein, entscheiden Sie, ob im Online-Auftritt nach kostenfreien Dokumenten oder im Archiv nach kostenpflichtigen Artikeln gesucht werden soll, und schränken Sie die Suche, bei Bedarf, inhaltlich oder zeitlich ein.

www.focus.de

Mit dem Eingabefeld „Suche" können Sie kostenlos in den Artikeln von Focus-Online suchen. Unter dem Stichwort „Focus Magazin" haben Sie auch die Möglichkeit, im Archiv nach kostenpflichtigen Artikeln aus den Print-Ausgaben zu suchen. Die Suche im Archiv ist kostenlos, die Artikel sind kostenpflichtig.

www.frankfurter-rundschau.de

Die Frankfurter Rundschau bietet die Volltextsuche in den Artikeln, die in den letzten 14 Tagen in der Online-Ausgabe erschienen sind.

www.spiegel.de/archiv/

Ermöglicht die Suche nach Artikeln aus den Quellen der SPIEGEL-Gruppe. Die Suche im Archiv ist kostenlos, die Artikel sind zum Teil kostenfrei.

http://suche.stern.de

Hier können Sie eine parallele Suche nach Artikeln und nach Websites starten. Die Suche nach Artikeln erfolgt in den Beiträgen aus den Online-Ausgaben und den gedruckten Ausgaben des „Stern" der letzten drei Monate.

www.wuv.de

Das Online-Angebot der Fachzeitschrift Werben & Verkaufen liefert Ihnen Branchennews. Außerdem können Sie sich über Werbeaktionen der Wettbewerber durch eine Recherche im Kampagnenarchiv informieren. Die Suche ist nach Kriterien wie Kunde, Marke/ Produkt, Agentur, Branche und Zeitraum möglich.

7.3.2 Messen und Ausstellungen

www.fkm.de

Die Gesellschaft zur freiwilligen Kontrolle von Messen und Ausstellungszahlen (FKM) hat einheitliche Regeln für die Ermittlung von Aussteller-, Flächen- und Besucherzahlen sowie von Besucherstrukturen aufgestellt und lässt die Einhaltung der Regeln durch einen Wirtschaftsprüfer kontrollieren. Es werden jährlich über 320 Veranstaltungen von rund 72 deutschen Messe- und Ausstellungsveranstaltern kontrolliert.

Die FKM veröffentlicht für jede geprüfte Messe oder Ausstellung die Basisdaten, wie Flächen-, Aussteller- und Besucherzahlen, differenziert nach Inland und Ausland. Außerdem werden für rund 60 Prozent der Veranstaltungen Fach- oder Privatbesucher-Analysen durchgeführt. Sie geben Auskunft über die wichtigsten Strukturmerkmale der Besucherschaft und damit über die erreichbaren Zielgruppen. Sie können auf dieser Website den aktuellen „FKM-Bericht" mit den geprüften Flächen-, Aussteller- und Besucherzahlen und den Besucherstrukturtests anfordern. Eine Datenbank-Abfrage der Ergebnisse ist unter der Seite www.auma-messen.de möglich.

www.auma-messen.de

Auf dieser Website des AUMA – Ausstellungs- und Messe-Ausschuss der Deutschen Wirtschaft finden Sie die Kennzahlen der FKM-geprüften Veranstaltungen. Sie haben die Möglichkeit, die Veranstaltungen nach Branchen, Zeitraum und Region zu selektieren. Sie finden auf den Seiten der AUMA auch Links zu Messeveranstaltern (in Deutschland und weltweit), zu Messeberatern, zu Messetrainings und zu weiteren Messethemen.

www.expodatabase.de

Die m+a Messedatenbank bietet ein umfangreiches Informationsangebot über die internationale Messe-, Ausstellungs- und Eventwirtschaft. Sie finden hier eine weltweite Messedatenbank mit rund

21 000 Messe- und Ausstellungs-Terminen und detaillierten Messeangaben.

7.3.3 Adressen für Direktmarketing-Aktionen

Für die Neukundengewinnung und Messeeinladung ist an den Erwerb von Adressen zur einmaligen Nutzung zu denken. Für mehrfache Direktmarketing-Kampagnen besteht die Möglichkeit, zum Beispiel 12 Monate lang die Adressen und Daten einer fest definierten Zielgruppen-Auswahl mehrfach zu nutzen. Auf Grund der umfangreichen Selektionsmöglichkeiten können Streuverluste minimiert und mit verringertem Aufwand neue Kundenpotenziale erschlossen werden.

www.az-direct.com
AZ Direct ist eine Tochter des Medienhauses Bertelsmann. AZ Direct liefert Haushaltsadressen mit Präferenzen und Profilen aus einer Marktdatenbank mit über 30 Millionen Privatadressen direkt über das Internet. Für die zielgruppengenaue Firmenansprache stehen über vier Millionen Business-Adressen zur Verfügung. Außerdem wird eine AZ-Online-Adressvalidierung angeboten, bei der Sie Ihre eigenen Kundenadressen strukturieren, korrigieren und ergänzen lassen können.

www.schober.de
Die Schober Information Group liefert Business- und Consumer-Adressen sowie Marktdaten und kann dabei unter anderem auf ein Potenzial von etwa fünf Millionen Firmen-Adressen und 50 Millionen Privat-Adressen zurückgreifen. Sie können auf der Website ein individuelles und unverbindliches Angebot anfordern.

www.wlw.de
In den letzten Jahren hat sich die „Wer liefert was?" GmbH vom Herausgeber eines deutschen Bezugsquellennachweises zu einem Anbieter von europäischen Wirtschaftsinformationen entwickelt. Es finden sich dort Informationen zu etwa 305 000 Unternehmen aus zehn Ländern und den dazugehörigen Führungskräften.

Weitere Direktmarketing-Dienstleister finden Sie auf den Internet-seiten des Deutschen Direktmarketing Verbandes e.V. unter **www.ddv.de**.

7.3.4 Bonitätsauskünfte

www.buergel.de
Die Auskunftei-Organisation Bürgel kann bei Informationsbedarf auf Datensätze von rund drei Millionen Unternehmen und elf Millionen Privatpersonen zugreifen. Zusätzlich werden konkrete Recherchen angeboten, um umfassende Informationen über die Bonität der Geschäftspartner zu liefern.

www.creditreform.de
Suchen Sie Informationen zur Bonität Ihrer möglichen Kunden? Dann können Sie sich an den Verband der Vereine Creditreform e.V. wenden. Als Mitglied erhalten Sie schnell und unkompliziert die entsprechenden Wirtschaftsauskünfte, um sich vor Forderungsausfällen zu schützen.

http://dbgermany.dnb.com
D&B (Dun & Bradstreet) ist ein führender Anbieter von B-to-B-Wirtschaftsinformationen. D&B stellt Informationen und Dienstleistungen bereit, um Unternehmen die Eingrenzung ihrer Geschäftsrisiken zu ermöglichen. So werden zum Beispiel Informationen zur Insolvenzwahrscheinlichkeit innerhalb der nächsten zwölf Monate geliefert.

www.ebundesanzeiger.de
Haben Sie massive Zweifel an der Zahlungsfähigkeit eines Kunden, können Sie unter dieser Webadresse die Bekanntmachungen von Konkursen, Gesamtvollstreckungs-, Vergleichs- und Insolvenzverfahren durchsuchen.

www.schufa.de
Vertragspartner der SCHUFA können nur Wirtschaftsunternehmen werden, die natürlichen Personen gewerbsmäßig Geld- oder Warenkredite geben. Die Vertragspartner erhalten nur dann von der SCHUFA Informationen, wenn sie in jedem Einzelfall ein be-

rechtigtes Interesse im Sinne des Bundesdatenschutzgesetzes glaubhaft nachweisen.

7.3.5 Adress- und Telefondaten von Firmen und Personen

www.branchenbuch.de
Auf diesen Seiten finden Sie Links zu verschiedenen Branchenbüchern, Adressbüchern und Anschriftensammlungen im Internet. Sie können dort regional und nach Branchen selektieren. Sie erhalten zum Beispiel Verweise auf das Ärzteadressbuch, eine Architektenübersicht oder ein Branchenverzeichnis von über 12 000 Augenoptikern und Kontaktlinsenspezialisten.

www.compages.de.
Compages ist ein spezielles Verzeichnis für E-Mail- und Internetadressen.

www.denic.de
Unter dieser Adresse können Sie sich informieren, wer der eingetragene Inhaber der de-Domain einer Internetseite ist. Zum Beispiel, wenn ein Geschäftspartner seiner gesetzlichen Pflicht zur Angabe von Name, Anschrift und Handelsregistereintrag auf seiner Website nicht nachkommt, können Sie auf diese Weise ermitteln, wer der eingetragene Domaininhaber ist.

www.europages.de
Europages ist ein europäische Geschäftsverzeichnis, das über 500 000 ausgewählte Unternehmen aus über 30 europäischen Ländern enthält und zu 80 Prozent aus Klein- und Mittelbetrieben besteht.

www.teleauskunft.de
Sie erhalten auf dieser Website den Zugriff zu den Klassikern der Auskunft: „Das Telefonbuch", „Das Örtliche" und „GelbeSeiten" und finden so schnell aktuelle Kontaktdaten, wie Anschrift, Telefon- und Telefaxnummern von Privatpersonen und Firmen.

www.telefonbuch.com
Suchen Sie internationale Telefonbücher? Dann werden Sie auf dieser Seite fündig. Zusätzlich sind hier auch weltweite Postleitzahlenverzeichnisse aufgelistet.

7.4 Informationsseiten für den Vertriebsprofi persönlich

7.4.1 Fachwissen und Fortbildung

www.acquisa.de
Hier werden regelmäßig Informationen zu Marketing- und Verkaufsthemen veröffentlicht. Sie haben die Möglichkeit zur Archivrecherche, aber auch Diskussionsforen gehören zum Angebot.

www.arbeitsamt.de/cgi-bin/aoWebCGI?kurs
KURS ist die kostenlose Datenbank des Arbeitsamtes für Aus- und Weiterbildung. Hier können Sie die Fortbildungsveranstaltungen nach zahlreichen Kriterien durchsuchen.

www.bdvt.de
Der Berufsverband Deutscher Verkaufsförderer und Trainer e.V. mit über 1 000 Mitgliedern bietet unter dem Stichwort „Trainer-Suche" eine Datenbank, in der Sie nach Verkaufstrainern suchen können.

www.callcenterprofi.de
Auf der Seite der Fachzeitschrift Call Center Profi finden Sie Informationen rund um Call Center, CRM, IT/Telekommunikation, Telesales und -services.

www.salesbusiness.de
Hier finden Sie speziell auf Vertriebler zugeschnittene Informationen rund um Verkauf, CRM, Tagungsplanung, Geschäftsreisen, Training, und in einer Datenbank können Sie nach erschienenen Artikeln recherchieren.

www.sellingpower.com
Auf den Seiten der US-amerikanischen Fachzeitschrift Selling Power können Sie sich über Trends und Jobs im Vertrieb jenseits des großen Teichs informieren.

7.4.2 Reisetätigkeit

www.bahn.de
Hier finden Sie Fahrpläne, können Bahn-Fahrkarten kaufen und Reservierungen tätigen. Außerdem finden Sie hier noch weitere Reiseangebote wie Hotels und Mietwagen.

www.billiger-reisen.de
Kostenlose Preisvergleiche für Flugreisen und Mietwagen bietet diese Internetseite. Es gibt aber auch Hotelkritiken, Stadtpläne, Beurteilungen von Airlines und Länderinfos. Außerdem können Sie in der thematisch geordneten Linksammlung schnell zu Reise-Informationen kommen. Die Links sind kommentiert und bewertet. So können Sie abschätzen, wie relevant der Link für Sie ist.

www.hrs.de
Unter dieser Adresse können Sie Zimmer in weltweit 130 000 Hotels online buchen. Die Hotels sind detailliert beschrieben und in vielen Fällen auch mit Fotos abgebildet.

www.reiseplanung.de
In diesem Reiseportal finden Sie unter anderem Routenplaner, Stadtpläne, Autovermietungen. Aber auch Staumeldungen und Wetterberichte werden aufgelistet.

www.traveljungle.de
Die Preise für Flüge, Hotels und Mietwagenangebote können Sie mit dieser Metasuchmaschine vergleichen.

7.4.3 Jobbörsen

Sie finden Stellenanzeigen häufig auf den Websites der Unternehmen, das heißt, wenn Sie einen Wunsch-Arbeitgeber haben – schauen Sie am besten direkt auf dessen Website nach. Werden Sie dort nicht fündig, dann können Sie das umfangreiche Angebot der Jobbörsen nutzen.

Spezielle Jobbörsen

www.salesjob.de
ist ein Stellenmarkt, der sich auf die Stellensuche von Vertriebsprofis spezialisiert hat.

www.asscompact-stellenmarkt.de
ist eine Jobbörse, die sich auf die Versicherungsbranche spezialisiert hat.

Allgemeine Jobbörsen

www.arbeitsamt.de
Die Stellenbörse des Arbeitsamts umfasst ein bundesweites Angebot an freien Stellen. Außerdem finden Sie hier Informationen, wenn Sie sich für eine Arbeitsstelle im Ausland interessieren.

www.jobpilot.de
Neben Stellenangeboten haben Sie hier zum Beispiel auch die Möglichkeit zum Chat mit Arbeitsmarktexperten.

www.jobscout24.de
Bietet neben der Stellenbörse unter anderem auch Checklisten für die Bewerbungsmappe, das Anschreiben und den Lebenslauf.

www.monster.de
Auch hier finden Sie zusätzlich zu den Stellenanzeigen noch Bewerbungstipps.

www.stepstone.de
Bietet die Möglichkeit, Ihre Suchkriterien in einen „JobAgent" einzugeben. Dieser durchforstet regelmäßig die Stepstone-Datenbank und informiert Sie per E-Mail über passende Angebote.

Auch Zeitungen, als traditionelle Anbieter von Stellenanzeigen, ermöglichen über das Internet eine systematische Analyse in ihren Anzeigen nach Branchen, Position, Einsatzort und Firmen. Hierzu gehören zum Beispiel:

www.FAZ.net/stellenmarkt
Der Online-Stellenmarkt der Frankfurter Allgemeinen Zeitung bietet die Recherche in den Kurzbeschreibungen aller Stellenangebote aus dem aktuellen FAZ-Stellenmarkt. Sie können sich bei einem Teil der Angebote die Originalanzeige im pdf-Format anzeigen lassen, ausdrucken oder herunterladen. Über eine Mail-Adresse können Sie direkt Kontakt mit dem inserierenden Unternehmen aufnehmen. Die Stellenangebote sind maximal drei Wochen alt und stehen montags nach der Printveröffentlichung ab sechs Uhr zur Verfügung.

www.fr-aktuell.com
Im Stellenmarkt der Frankfurter Rundschau können Sie die offenen Stellen nach Branche, Position, Einsatzort, Firma oder Beruf selektieren.

http://jobcenter.sueddeutsche.de
Neben den Stellenanzeigen der Süddeutschen Zeitung finden Sie hier auch Brutto-Netto-Rechner, Abfindungsrechner und Bewerbungshinweise.

7.4.4 Zu guter Letzt – Smalltalk

Benötigen Sie Informationen über Unterhaltung, Sport oder Lifestyle, um sich mit Ihrem Kunden über seine Interessen unterhalten und ihm Tipps und Informationen geben zu können, dann bieten sich die großen Portale als Einstieg an. Zusätzlich decken auch die Webpräsenzen vieler Medienunternehmen diese Interessenbereiche gut ab. So bieten zum Beispiel folgende Seiten entsprechende Informationen:

www.focus.de

www.stern.de

www.spiegel.de

www.t-online.de

www.aol.de

Literaturhinweise

Ackerschott, Harald: *Wissensmanagement für Marketing und Vertrieb. Kompetenz steigern und Märkte erobern,* Wiesbaden 2001

Apel, Alfredo: *„So werden Besuchsberichte noch besser",* in: Sales Business, 1–2/2004

Brendel, Michael: *CRM für den Mittelstand. Voraussetzungen und Ideen für die erfolgreiche Implementierung,* Wiesbaden, 2. Auflage 2003

Busse, Susanne u.a.: *Report Informationslogistik,* Düsseldorf 2001

Dannenberg, Marius; Barthel, Sascha: *Effiziente Marktforschung. Market Research – neuester Stand,* Bonn 2002

Förster, Anja; Kreuz, Peter: *Marketing-Trends. Ideen und Konzepte für Ihren Markterfolg,* Wiesbaden 2003

Hejlek, Ossi: *Der schlaue Internet Guide für Einsteiger und Fortgeschrittene,* Wien 1999

Hooffacker, Gabriele: *Informationen gewinnen im Internet,* Hamburg, 2000

Kairies, Peter: *So analysieren Sie Ihre Konkurrenz. Konkurrenzanalyse und Benchmarking in der Praxis,* Renningen, 4. Auflage 2003

Karfurke, Tobias: *„Immer ein Auge auf den Wettbewerb",* in: Sales Business, 9/2002

Lamprecht, Stephan: *Professionelle Recherche im Internet,* München, Wien 1999

Sickel, Christian: *Verkaufsfaktor Kundennutzen. Konkreten Bedarf ermitteln, aus Kundensicht argumentieren, maßgeschneiderte Lösungen präsentieren,* Wiesbaden, 2. Auflage 2003

Tobor, Mick: *Internet für Einsteiger,* Düsseldorf 2000

Veenema, Hilger: *So machen Sie aus Kundenbeschwerden Aufträge. Reklamationen – zweite Chance für den Verkaufserfolg,* München 1997

Stichwortverzeichnis

A.C. Nielsen 68, 140
ABC-Analyse 97, 102ff., 112, 119
Adressverlage 20, 25, 120, 163
Allesklar.de 137
Altavista 79, 83, 137
Arbeitskreis Deutscher Markt-
   und Sozialforschungsinstitute
   e.V. (ADM) 69, 140
AUMA 61, 162
Ausländische Märkte 28, 153
Außendienst 20, 38f., 42, 113f.,
   120ff., 134, 147
Außendienstbericht 20, 113
Außenhandel 66, 93, 153f.
AZ Bertelsmann 89
AZ Direct 91, 155, 163

BBE Unternehmensberatung 68,
   140
Beschwerden 18f., 42, 55f., 113
BITKOM 126, 150
Bonität 17, 20, 39, 73, 95, 119,
   149, 164
Boolesche Operatoren 84
Branchenbuch 73, 165
Branchenportale 28, 66
Bundesministerium für Wirtschaft
   und Arbeit (BMWA) 148
Bundesverband der Industrie e.V.
   (BDI) 65, 148
Bundesverband Deutscher Banken
   e.V. (BdB) 66, 149
Bürgel 74, 164

Call Center 20, 24, 134f., 150,
   166
Cash Cows 111
Ciao.com 56, 146
Creditreform 74, 89, 164
CRM-Systeme 117
Customer Lifetime Value 102

Datenschutz 21, 53, 99, 119
Deckungsbeitrag 102f., 105, 119
Denic 76, 165
Deutsche Gesellschaft für Infor-
   mationswissenschaft und Infor-
   mationspraxis e.V. (DGD) 94,
   96, 157
Deutscher Industrie- und Handels-
   kammertag (DIHK) 32, 66,
   149
Domain 76ff., 83, 165
Dun & Bradstreet 74, 89f., 164

Euro Info Center 132f., 154
Extranet 113, 122f.

FAKT 89
Fireball 79, 137
Firmen-Homepage 63
Firmenprofile 89f., 94, 155
FIZ Technik 91, 155
Focus 29, 72, 126, 144, 161, 170
Fokusgruppe 20
Formulare 58f., 113, 122f., 147
Fragetypen 50
Frankfurter Allgemeine Zeitung
   (FAZ) 96, 156, 169

GBI 90, 154, 156
GENIOS 90, 155f.
Gesellschaft zur freiwilligen Kontrolle von Messen und Ausstellungszahlen (FKM) 162
GfK 68, 142
Globus-Grafiken 37
Google 79, 83ff., 125, 137

Handwerk 149
Hauptgemeinschaft des Deutschen Einzelhandels (HDE) 66, 149
Hoppenstedt 89, 92, 159

Industrie 65, 68, 148, 150
Industrie- und Handelskammer 28, 32, 132, 149
Infobroking lutz 96, 158
Information Broker 30, 94
Informationssystem 12, 15f., 43, 98, 116f., 119ff.
Intranet 122f.

Jobbörsen 168

Kraftfahrt-Bundesamt 30, 65, 152
Kundenbefragung 13, 20, 49f., 52ff., 69, 134
Kundendatenbank 20, 49
Kunden-Score 103
Kundenservice 5, 20, 24, 118
Kundensteckbrief 43
Kundenwert 97, 102f.

Lebenszyklus 102
Lexis Nexis 91, 156

Marktanalyse 72, 94, 125, 140, 143f.
Marktanteil 5, 17, 23, 28, 42f., 89, 110ff., 133

Marktforschungsinstitute 29, 32, 53, 68ff., 101, 128, 134ff., 140
Medialine 29, 72, 126, 144
Mercer Management Consulting 16
Messen 26, 57, 61, 100, 113, 131, 150, 162
Metacrawler 83, 138f.
Metasuchmaschinen 83, 138f., 167
Meta-Tag 87

Neukunden 20, 22, 62, 73, 86, 95, 100, 102, 104, 124, 163

Offline-Datenbanken 92
Online-Datenbanken 88ff.

Patent- und Markenämter 67, 153
Poor Dogs 111f.
Portfolio-Analyse 97, 109
Pressespiegel 72, 157
Privatkunden 17, 45
Prognos AG 68
Psychologische Merkmale 17

Question Marks 111

Ranking 87

Schlüsselkunden 17, 23
Schober Information Group 91, 155, 163
Schufa 74, 164
Smalltalk 170
Soziodemographische Merkmale 17
Stärken-Schwächen-Analyse 15, 97, 106ff.
Stars 111

Statistische Ämter   28, 31f., 64f.,
    93, 151f.
Stellenanzeigen   26, 63, 168f.
Stern   161, 170
Stiftung Warentest   57, 146
Suchmaschinen   79ff., 83ff., 136ff.,
    160
Suchstrategie   6, 81
Süddeutsche Zeitung   96, 156,
    158, 169
SWOT-Analyse   97, 108f.

Telekommunikation   125ff., 150,
    159, 166
TNS EMNID   68, 141
Trendbüro   34, 145
Trunkierungszeichen   86

Umsatz   17, 19f., 23, 63, 94, 102ff.,
    118f., 148, 159
Umweltbundesamt   35

Verband der Automobilindustrie
    e.V. (VDA)   30, 65, 149
Verband der Chemischen
    Industrie e.V. (VCI)   65, 148
Verbände   20, 25, 39, 57, 64ff., 94,
    148f., 153f.
Verbraucherforen   56
Versicherungsvergleiche   147
Vertriebsinformationssystem   40,
    113, 116
Vertriebsstatistik   20

Web.de   138
Webkatalog   80, 82, 137f.
Wirtschaftsauskunfteien   73
WLW   92, 159, 163

Yahoo   82, 138, 160

Zukunftsinstitut   34, 146

Die Autorin

Sabine Künnemann, Diplom-Ökonomin, gründete nach ihrer Tätigkeit bei einer internationalen Wirtschaftsprüfungsgesellschaft 1998 die Firma info-Relevant e.K. in München. Mit diesem Unternehmen, das sich auf Informationsdienste für die Wirtschaft spezialisiert hat, arbeitet sie als selbstständige Beraterin und Dozentin für Firmen verschiedener Branchen.

Kontakt: vertriebsinformation@infoRelevant.de